Colección
Nueva Era

AF174267

EL SENDERO
DEL GUERRERO

*UNA VISIÓN ZEN DE LOS MÁS GRANDES
GUERREROS DE LA HISTORIA, COMO TÚ*

T'SAO CHAN

Plutón
Ediciones

© Plutón Ediciones X, s. l., 2025

Diseño de cubierta y maquetación: Saul Rojas

Edita: Plutón Ediciones X, s. l.,

          E-mail: contacto@plutonediciones.com
          http://www.plutonediciones.com

Impreso en España / Printed in Spain

I.S.B.N: 978-84-10233-53-9
Depósito Legal: B-17858-2024

Para Miguel y Ainhoa,
grandes guerreros
de lo cotidiano.
Los amo.

Prólogo:
La batalla de todos los días

Ni siquiera la muerte
es el fin
de todas las batallas.
T'SAO CHAN

Como bien dice T'sao Chan, "ni siquiera la muerte es el fin de todas las batallas", porque la existencia sigue en el alma que persiste, en el espíritu que vuela, en los mismos átomos que conforman la materia, en la energía que se transforma pero que nunca desaparece y que nos vuelve al cauce de la vida tarde o temprano. Hay batallas inútiles y negativas, errores y necedades del animal humano, pero también hay batallas positivas, cosas, ideas y hasta formas de vida por las que vale la pena y la alegría luchar: comer, amar, compartir, crear, construir, preservar.

El conflicto puede ser positivo y productivo cuando perseguimos un bien, y negativo cuando perseguimos un mal, o cuando no sabemos lo que perseguimos y simplemente actuamos por seguir la corriente o la tradición de odiar, con las armas del prejuicio y la venganza, del rencor y la ignorancia.

La vida misma puede ser un remanso de paz y abundancia, pero aun así la lucha diaria continúa, no da tregua, porque tenemos la necesidad o hasta el vicio de comer, amar, soñar, creer, crear.

También tenemos responsabilidades con nosotros mismos y con los demás, ni siquiera el más solitario ermitaño está solo del todo, todo lo que le rodea le exige, nada se está quieto del todo, y hasta su cuerpo mismo le pone una serie de condiciones para mantenerse simplemente vivo, y su mente y su alma no se vacían del todo y también tienen sus exigencias: sentir, pensar y soñar, incluso si no se desea hacerlo.

Se puede poner la mente en blanco durante unos minutos practicando la meditación, pero no tardarán los pensamientos y las sensaciones de elevación en hacer acto de presencia, y el cuerpo mismo, nuestra parte animal y material, sigue funcionando tanto si meditamos como si dormimos y soñamos.

Los gurús, los santones, los yoguis y los anacoretas han tratado por todos los medios a su alcance de liberarse de las miserias y necesidades de su cuerpo, en una larga batalla por alcanzar la elevación espiritual y trascender a otra experiencia existencial, pero no siempre lo han logrado, y mucho menos de una manera permanente.

Mortificar al cuerpo no anula su independencia, y si bien se pueden reducir las pulsaciones del corazón y las sensaciones de dolor, frío y calor, o activar o desactivar ciertos chakras, el cuerpo sigue gobernando funciones fisiológicas fundamentales sin que el santón siquiera se dé cuenta de lo que sucede en el interior de su organismo, porque su consciencia no acaba de conectar con las miles de operaciones que realiza a cada momento su cuerpo.

Dominar, o intentar dominar al cuerpo, es una batalla incluso para la gente normal, común y corriente, que se autoimpone dietas, ejercicios, horarios y metas para gozar de una mejor salud y una buena estética, y de paso luchar contra el proceso natural de la vejez.

En ese aspecto todos somos guerreros, todos libramos la batalla diaria de mantenernos sanos y con una vida lo más longeva posible, e incluso de buen aspecto, y para eso nos preparamos y nos imponemos una serie de disciplinas nada naturales, es decir, no dejamos simplemente que la naturaleza siga su curso, sino que la queremos hacer a nuestra manera, luchar con ella y contra ella, de la misma forma que queremos someterla a nuestras ideas de salud y estética, como cuando creamos un hermoso y armónico jardín, en lugar de dejar que la naturaleza sea salvaje y siga su curso.

La belleza salvaje nos da miedo, nos parece amenazante, fea, peligrosa. Sí, decimos que la amamos, pero preferimos la cueva, la fogata, la luz artificial y todo aquello que consideramos más o menos cómodo o con cierta estética; y, sin embargo, en cualquier momento de desinhibición nos damos el lujo de tirar basura, ensuciar, contaminar y dejar que salgan a flote nuestros más medianos y bajos instintos, con lo que volvemos al salvajismo de golpe, y todo lo construido con esmero y disciplina, batallando durante años y hasta milenios, se viene abajo en un instante, perdemos la guerra y, si no nos extinguimos del todo, comenzamos de nuevo.

Mientras tanto, la mayoría de los seres humanos más o menos privilegiados luchan todos los días por cosas que pueden parecer inútiles o banales:

-Luchan por pagar las facturas de fin de mes.

7

-Luchan por pagar la comida y mantener a la familia o a uno mismo.

-Luchan por cobrar una vez se ha realizado el trabajo, y ruegan a la empresa o al patrón que les hagan el ingreso de su salario como si estuvieran pidiendo limosna.

-Luchan por cumplir con los compromisos adquiridos.

-Luchan por conseguir una hipoteca.

-Luchan por pagar las cuotas de la hipoteca.

-Luchan por tener un momento de tranquilidad al día.

-Luchan por cuidar de los suyos y de sí mismo.

-Luchan por despertarse todos los días y cumplir con el trabajo asalariado o con su actividad productiva, cualquiera que sea.

-Luchan por mantener su reputación más o menos limpia.

-Luchan por comprender y tolerar a los demás.

-Luchan por cumplir con la sociedad, los vecinos, los feligreses de su misma parroquia o las personas con las que comparten desplazamientos en coche o en el transporte público.

-Luchan por descansar, dormir, soñar, vacacionar y poder darse un capricho material, espiritual o anímico.

-Luchan por ir a favor o en contra de la corriente.

-Luchan, luchan y luchan, solo por cumplir y no para lograr un mundo mejor, siempre inmersos en las necesidades de la vida diaria que dejan muy poco espacio para pensar, meditar, reflexionar, sentirse plenos y contar con un sentido real de su existencia. A cambio de sus vidas vacías de contenido propio, pueden leer novelas de fama literaria que dicen siempre lo mismo y repiten desde hace milenios las mismas fórmulas pretextando que son clásicos y no anquilosamiento anímico y mental, ir al cine, escuchar mala música embrutecedora y que no cuenta nada (según incluso la gente joven), amar una ideología, apoyarse en una creencia religiosa, sectaria o de cualquier tipo, ver la televisión, creer en la prensa, las redes sociales o los medios de comunicación, atesorar la publicidad que les dice qué hacer, qué comprar y cómo comportarse, a quién y cómo estimar, tener sexo o casarse, e incluso tener un pasatiempo o practicar un deporte, confundiendo este bagaje que les han preparado para que se entretengan y no hagan preguntas, ni al sistema ni a sí mismos, con la vida real o la existencia misma.

Consumir sin ton ni son se ha convertido en una lucha cotidiana nada virtuosa.

Tantas luchas ajenas y sistémicas que someten al grueso de la humanidad y no dejan lugar para las luchas verdaderas, pues tras tanta lucha impuesta (el ser humano es el único animal que paga para vivir en este planeta) no quedan fuerzas para pensar y cuestionar, para mejorar realmente como seres humanos pensantes, por lo que la mayoría quedamos derrotados desde antes de poder enfrentar la batalla vital; y cedemos ante el poder, la supuesta sabiduría, la mentira absurda, las falsas ilusiones y más falsas expectativas, las tradiciones sin sentido, y al vernos y sabernos vencidos nos sometemos a la agenda que marquen los que mandan.

"Luchar hasta para pagar impuestos y enriquecer más y más a los que nos gobiernan, como si fuera un deber honroso y ciudadano, y no una obligación que a veces raya en la obscenidad", como diría Henry David Thoreau.

Veinte años de educación doctrinaria, cuarenta y cinco años (o más) de trabajo sin apenas unas vergonzosas vacaciones, y una jubilación pacata con bajos ingresos y el cuerpo enfermo y avejentado no parece una vida muy digna por más que se justifique argumentando que hay miles de millones de seres humanos que están mucho peor.

¿Estamos condenados?

¿No hay salvación?

¿Debemos deprimirnos, dejar de luchar y tirar la toalla?

¿O debemos iniciar una cruenta revolución y acabar con todo para comenzar de nuevo?

Por paradójico que parezca, T'sao Chan nos propone que la salvación de la humanidad se encuentra precisamente en la lucha verdadera del sendero zen del guerrero, sin violencia ni revoluciones cruentas que a menudo son peores y producen locos tiranos desvelados, pues el fin último del ser humano es conquistar el amor, la paz, la bondad, la armonía y la elevación espiritual que conviertan este mundo en un verdadero paraíso, para que así las almas nobles no tengan que andar buscando su verdadero hogar, su casa, su lugar, que es el lugar iluminado y lúcido de donde todos provenimos, porque al conquistar los mundos interior y exterior como guerreros zen, tanto en esta como en próximas vidas, podremos seguir existiendo y librando más nobles batallas, disfrutando y produciendo en todo el multiverso, que en realidad es nuestro hogar y donde reside desde siempre el descanso del guerrero.

Decir o pensar que solo hay tres cosas en la vida (salud, dinero y amor) es dejar fuera la espiritualidad, la belleza del alma, la bondad, la creatividad, las habilidades físicas y mentales, y muchas cosas más que incluso desconocemos porque vivimos repetición tras repetición y completamente ciegos ante la lucidez y el conocimiento.

En este mundo, de momento, se lucha absolutamente por todo, pero a menudo se olvida luchar contra uno mismo, vencerse, dominarse, conquistarse, porque como bien dicen los estoicos, los budistas, los anacoretas y los monjes zen, "quien se conquista a sí mismo, conquista al universo entero", como posiblemente lo han hecho los más famosos guerreros de la historia; y T'sao Chan nos da su visión zen sobre ellos, que bien podrían ser como tú, o tú como ellos.

A veces creo que antes de nacer en este planeta fuimos tiranos gobernadores en otro universo, o delincuentes de la peor ralea, por lo que vivir en el presente de este mundo imperfecto y ominoso es nuestro castigo...

Dr. Javier Tapia

INTRODUCCIÓN:
¿GUERREROS CELESTIALES O DEMONIOS MUNDANOS?

*No hay otro sendero
que el sendero del amor,
la bondad y la armonía,
para lograr la conquista
del espíritu y del corazón.*
T'SAO CHAN

¿Se ha preguntado usted por qué aquellos a los que llamamos dioses tendrían que pelear entre sí e intentar acabar con sus contrarios en sendas y terribles batallas celestiales?

**Ni la hoja del árbol se mueve si no es
por la Divina Voluntad de Anu.**

Casi todas las mitologías de los pueblos humanos hablan de esas terribles guerras celestiales que tuvieron lugar cuando los seres humanos empezaban a tener conciencia de sí mismos, y alguna que otra batalla en los cielos en los albores de la civilización.

Anu, el dios de los sumerios, destruyendo a su gente y a sus propios hijos para hacerse el amo de la humanidad y tener a los seres humanos como esclavos.

Jehová, el dios de los judíos, los cristianos y los católicos, exhortando a su pueblo elegido a pasar por la espada a hombres, mujeres e infantes de las ciudades enemigas, o destruyendo con explosiones atómicas a Sodoma y Gomorra por no seguir sus mandamientos morales.

Jehová, bondadoso y vengativo.

Brahma, Visnú y Shiva arengando a las naciones de la India para que se destruyeran entre ellas, y lanzando desde sus vimanas rayos y bombas nucleares sobre la población civil. Krishna, el hermoso, convence a Arjuna, horrorizado por tanta muerte, de que la guerra "es buena". Brahma era pura bondad, pero sus emanaciones, Shiva (el destructor) y Visnú (el ajusticiador), no eran en absoluto bondadosos, sino bélicos e intolerantes contra cualquier antagonismo: "Matar y destruir, antes que tolerar o pactar".

Brahma y sus Emanaciones Divinas.

Ahura Mazda, señor de la bondad, cerraba (y cierra) la puerta y la vida celestial a quienes no siguieran sus doctrinas, a pesar de las bellas palabras y enseñanzas que daba a sus fieles y a Mitra, su mesías. Zoroastro era menos tolerante y hasta eugenésico.

Mientras en África las visitas de los entes celestiales se traducían en verdaderas calamidades, incendios, inundaciones, sequías, plagas y terremotos, en Egipto Seth era sinónimo de desgracias y Montu de guerra y hambrunas para los egipcios, que debían matar a los pueblos vecinos para obtener gloria y fama, pero sobre todo bienes y alimento. Ra quiso destruir a la humanidad entera porque el pueblo egipcio había dejado de adorarlo.

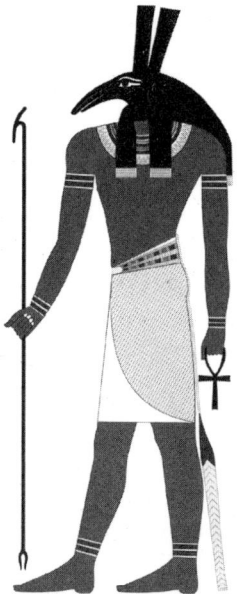

Seth, el terrible.

Zeus mata a su padre, Cronos, el Señor de los Titanes; quien a su vez mató a Urano, el Señor de los Uránidas, como en tantas dinastías ha sucedido, con lo que matar al padre no es una simple figura freudiana sino una dolorosa realidad, mientras Ares (Marte) no se cansa de crear conflictos, junto con Hera y Atenea, entre los humanos.

Huitzilopochtli, Tonacatecutli de los mexicas (aztecas), nace matando a sus 600 hermanos, los Mixcóatl, en una tremenda cacería celestial, e insufla en el pueblo tenochca el ánimo de la guerra cruenta y expansiva, cercenando cabezas y despellejando y desollando princesas.

Pero ¿eran realmente dioses?, o en realidad eran humanos de un tiempo remoto, de otros planetas, seres con nuestras propias virtudes y defectos, y no entidades elevadas y espirituales.

Huitzilopochtli, nacer matando.

Tal vez eran verdaderos demonios, seres violentos, vengativos, celosos, envidiosos, rencorosos, malvados y crueles que se destruían entre ellos y de paso envenenaban el alma de los seres humanos primigenios; o simplemente eran seres inventados con las mismas carencias de los belicosos humanos.

POR UNA HUMANIDAD SIN DIOSES

Desde el mítico Emperador amarillo chino, Wang Di (Huangdi), hasta Mahavira, Buda y Confucio, ha habido sabios que han propuesto una humanidad sin dioses.

Wang Di, el Emperador amarillo.

Wang Di (Huangdi) tiene un origen cuasi divino, pues es hijo del rayo que embarazó a su madre para darlo a luz tras veinte años de gestación.

Su esposa, Leizu (Xi Lingshi), era una diosa mitad mujer y mitad pulpo, inventora de la seda y madre de todos los chinos, aunque solo tuvo un hijo propio. A pesar de su divinidad y sus relaciones con las habitaciones celestiales, Wang Di dijo a su pueblo que había que desterrar a todos los dioses, no rezarles ni venerarlos, no pedirles milagros ni protección, pues en realidad muy poco podían hacer por los humanos, y se alimentaban de su estupidez y de su fe en lugar de realmente ayudarlos. El propio Wang Di fue considerado durante un tiempo como el Dios de la Guerra, algo que no le hubiera gustado para nada.

Buda y Mahavira, por una creencia sin dioses.

Mahavira y Buda tuvieron, y tienen, millones de seguidores, pero no pudieron erradicar las supersticiones de media Asia sino, muy al contrario y sin desearlo en absoluto, consiguieron que sus seguidores los tomaran como dioses.

El jainismo, fundado por Mahavira, sigue preconizando que no hay dioses, pero a cambio hay grandes maestros, gurús míticos a los que sus fieles adoran como dioses y les piden protección, abundancia y milagros.

El budismo ha ido un poco más allá: si bien no hay dioses, sí hay lamas milagrosos y cientos o hasta miles de advocaciones del Bodhidharma por toda Asia (y por todo el mundo), a los que sus fieles oran y piden llegar al Nirvana. Amithaba, una de sus advocaciones, está relacionado con las artes marciales y los templos Shaolin, y aunque propone la paz, como el General MacArthur, siempre está preparado para la lucha y para la guerra.

La violencia de los budistas bonzo.

Los bonzos budistas, que se inmolan a sí mismos quemándose en público, son, además de monjes, guerreros; algo que Buda no habría aceptado nunca.

Sin dioses tampoco hay demonios, pero curiosamente el budismo chino, el sintoísmo y hasta el budismo zen se llenaron de demonios a medida que el budismo hindú se fue colando entre sus creencias.

No hay infierno sin cielo, o Nirvana, ni infierno sin cielo.

No hay demonios sin dioses, ni dioses sin demonios.

Pero eso no es óbice para que se utilicen como pretexto para hacer la guerra, santa o no santa, e incluso a menudo para llevar el "bien" a otros pueblos, aunque sea a costo de asesinar a buena parte de sus habitantes.

En el presente libro intentaré llevar a los lectores por el sendero zen del guerrero a través de algunas de las figuras más relevantes de la guerra:

Empezando por el general Sun Tzu, su *Libro de la guerra* y sus estrategias: el sendero de la batalla; Nabucodonosor, la guerra como misión divina: el sendero temporal; Jerjes, no hay enemigo pequeño: el sendero del poder; Minerva y las amazonas: el sendero femenino; Alejandro Magno, la noción de imperio: el sendero expansivo; Julio César, el poder y la traición: el sendero de la confianza; Marco Aurelio, la guerra inevitable: el sendero estoico; Carlomagno, la extensión de Roma: el sendero de la emulación; Napoleón, el retorno a la tiranía: el sendero inverso; Hitler, la eugenesia: el sendero racial; Nuevos ídolos, nuevas guerras: el sendero colonizador; Vietnam, guerras compradas:

el sendero del mal; Gengis Khan, la ambición de ser otro: el sendero genético.

¿Se lleva el mal en la sangre?

¿El alma en realidad es un abismo de maldades?

¿Podremos algún día superar nuestra propia animalidad plena de crimen, crueldad, abuso, asesinato, ira, locura y violencia?

EL GUERRERO ESPIRITUAL

Tras todas las batallas de lo cotidiano y de las cruentas guerras que acaban con tantas vidas y, por lo tanto, con tantos futuros, obras de arte, inventos y descubrimientos y con todo lo que puede dar una persona en y a este mundo, existe un sendero espiritual que ha sido la búsqueda de grandes seres humanos como Mahavira, Buda, Lao Tse, Confucio, Sócrates, Epicteto, Gandhi e incluso Osho, entre muchos otros, que han optado por el sendero de la lucha espiritual, dándole a la vida un sentido de lucha, dedicación, disciplina y esfuerzo que va más allá del bien y del mal como los conocemos en la vida cotidiana y en lo que llamamos normalidad.

Verse a sí mismo, estudiarse a sí mismo, dominarse a sí mismo, construirse a sí mismo en una dimensión que abarca tanto la vida como la muerte.

No importa qué sentido material tenga la vida.

No importa la identidad impostada que nos dan desde que nacemos.

No importa el crédito que se le da a unas y otras profesiones, estados económicos o cunas de nacimiento.

Lo que importa es el ser, la existencia misma, que va más allá de la vida biológica, válgase la redundancia.

Estamos vivos, sí, y hasta somos conscientes de ello, como diría Descartes: "Pienso, luego existo", sí, pero por qué y para qué, no lo sabemos, por eso buscamos la trascendencia.

Volver a la luz eterna y perfecta, dicen los santones de la India.

Regresar al todo y la nada, señala el taoísmo.

Estamos aquí y ahora, como lo hemos estado siempre, ¿o solo somos una espuma, una breve manifestación física de la energía que preña todo el multiverso?

No lo sabemos, y por eso buscamos, queremos respuestas, seguridades de lo que es y va a ser nuestro cuerpo, nuestra mente, nuestra alma y nuestro espíritu, si es que lo tenemos.

No podemos negar las experiencias extrasensoriales, como los viajes astrales, la proyección mental y hasta las situaciones paranormales que alguna vez nos sorprenden en la vida.

Hay seres y sensaciones que rebasan lo puramente físico, lo lógico y lo mental; yo mismo no puedo negar que llevo a otro ser, que no soy yo, conmigo. Lo siento, lo percibo y hasta alguna vez ha hablado conmigo. ¿Es un ángel? ¿Es un deva? ¿Es una musa o un numen? ¿Un demonio? No tengo ni idea, solo sé que no soy yo porque pensamos y sentimos diferente, pero me acompaña, está ahí, siempre presente, y tampoco se parece en nada a lo que habitualmente conocemos como dioses, porque tampoco es exigente ni doctrinario, y me ayuda y me asiste en determinados momentos, haciendo uno que otro pequeño, pero muy importante en ese momento, milagro; y por más que a veces recurro a la razón, no puedo negarlo, está ahí, lo siento y lo percibo.

Supongo que a muchas personas les pasa lo mismo, e interpretan esa presencia como algo sagrado; y depende del tipo y carácter de ese ser pueden pensar que es "malo" o "bueno", alentador o desalentador, e incluso producto de una reacción química de nuestras hormonas, chakras o cerebros.

¿La conciencia para distinguir entre el bien y el mal? Puede ser, aunque no siempre, porque parece que en cada caso es diferente, pero de una u otra manera abre el camino a la fenomenología, metafísica, esoterismo, misticismo o como se le quiera llamar, incluso impulso mítico y religioso, pura imaginación, pero una imaginación independiente que no depende de nosotros.

Este tipo de experiencias, que para algunos puede ser simple esquizofrenia paranoide, ha estado presente en la humanidad desde hace cientos de miles de años, tanto entre los neandertales como en los homo sapiens, y nos ha impulsado a buscar espiritualmente, a rascar en nuestro interior, a volver la vista al cielo o al más allá, convirtiéndonos en verdaderos guerreros espirituales en campaña permanente para conquistar los terrenos de nuestro propio ser, que es algo más que vida, cuerpo, mente y emociones, y al que llamamos "espíritu".

Cada quien traza su propio sendero, porque nadie puede caminar, comer o defecar por el otro. Hay muchas cosas que podemos hacer en grupo o que podemos hacer por nuestros hermanos, e influir en ellos o que ellos influyan en nosotros, incluso aceptar o rechazar dicha influencia, pero hay acciones que solo podemos hacer individualmente, como vivir y experimentar la existencia en una batalla constante, o en una paz serena y eterna, donde el más grande guerrero de tu propia existencia no puede ser otro que tú mismo, que tú misma.

El sendero zen del guerrero apuesta por entender que hay mejores y más importantes batallas que matar al hermano, y que el ser humano puede ser mejor de lo que nunca ha sido.

"No hay peores dioses que los dioses mismos, y mientras la humanidad tenga dioses no podrá llamarse humana."

PROVERBIO ZEN

I

La sempiterna lucha del bien contra el mal (el sendero antagónico)

*El peor gobierno
es el gobierno mismo,
y mientras la humanidad
sea gobernada,
no será realmente humana.*

T'sao Chan

Hay diversos motivos para iniciar una guerra: ambición y codicia; poder y abuso; venganza y rencor; ignorancia y miedo; celos, envidia, robo, locura, entre otros muchos, como el medrar sin trabajar mandando a unos ingenuos a que maten al vecino y se dejen matar para obtener beneficios materiales o réditos políticos.

Es obvio que la vida humana ajena no tiene ningún valor en un conflicto bélico, y a veces la propia tampoco lo tiene, pues quien está dispuesto a matar debe estar dispuesto a morir.

"Lucha por algo más grande que tú", le dicen al ciudadano y al soldado, cuando en realidad no hay nada más grande que uno mismo ni más importante que la propia existencia.

Todos vamos a morir tarde o temprano, por lo que no importa morir sino la forma en que se muere, por lo que las guerras son muy a menudo un campo de suicidios de lo más cruento, sobre todo si se tiene la ingenuidad de creer que se pelea por la patria, por el bien común, por el estilo de vida y cultura, o por las más absurdas creencias religiosas.

Con lo que la figura del otro, el enemigo, siempre malo y avieso (para nuestros aparentes intereses), tiene fatal importancia.

EL ENEMIGO

En un mundo donde la identidad tiene una vital importancia, aunque es del todo falsa y manida pues la ignorancia y los prejuicios son abundantes y la razón escasa, crear al enemigo es de lo más sencillo, pues para que lo sea basta que sea "diferente":

-Que tenga otra cultura.

-Que tenga otra moral o ética, o que no las tenga.

-Que su estética o apariencia sea diferente.

-Que su piel y morfología no sean las nuestras.

-Que huela de una manera especial.

-Que no crea en nuestros dioses, ideologías o religiones.

-Que no coma como comemos.

-Que piense, o que piense diferente.

-Que parezca amenazante aunque en realidad no lo sea.

-Y, por supuesto, que represente al "mal" mientras nosotros representamos al "bien", sea este el que sea.

Calumniar al presunto enemigo enciende odios y desconfianzas.

Señalarlo como culpable de algo, lo que sea, aumenta las ganas de destruirlo.

No importa cuán absurda sea la acusación, porque la gente siempre ha creído más en lo absurdo, lo exagerado y la mentira burda que en cualquier vislumbre de razón.

Para el vulgo la verdad y la razón son dos viejas aburridas, mientras que el absurdo y la mentira ofrecen pasión y diversión.

El enemigo, por lo tanto, debe ser temido y odiado siempre, y, si se puede, destruido y desterrado de la faz de la Tierra por toda la eternidad venidera; aunque a menudo se le mantiene vivo y hasta se pacta en silencio con él, pues es muy funcional y mantiene unida a la población en su contra, así que se le mata y combate de a poco, pues sin su presencia no habría excusas para un próximo conflicto y a la masa le podría dar por pensar, analizar y entender que se le ha utilizado y engañado desde siempre.

EL TRAIDOR

Si a alguien le da por pensar y cuestionar el estado de las cosas, abogando por la paz y la consciencia, por la verdad y por la razón, de inmediato se le señala como sospechoso, y, si insiste, se le tratará como lo peor de lo peor, es decir, como traidor.

Por supuesto que hay traidores en toda contienda, que se pasan al otro lado y que se venden al mejor postor en busca de un reconocimiento o beneficio personal, o por simple envidia o venganza para con los suyos, o en contra de los que dirigen y gobiernan a los suyos.

Judas, o la importancia de la traición.

Judas Tadeo es el traidor más famoso de Occidente, pues vendió a su maestro por treinta monedas de plata, y no por un millón que por lo menos hubiera sido más sustancioso; sin embargo, la figura del traidor es casi necesaria para el drama y tragedia de Jesús: sin Judas su sacrificio no hubiera tenido el mismo calado en su religión, pues ya sabía que lo iba a traicionar, pero igualmente siguió el guion de su destino, como si no tuviera mejor ni más romántico escenario que morir en la cruz, para poder decirle a su Padre: "Perdónalos, porque no saben lo que hacen".

¿No hay nada peor que un traidor?

Sí, los que instigan a las masas (una panda de ignorantes, dirían algunos) a enfrascarse en una guerra donde no tienen nada que ganar y sí mucho que perder, como la vida misma. Total, su vida no importa para las aviesas intenciones de los "superiores", porque lo que a ellos les importa es hacer del hermano otro enemigo a quien combatir, derrotar, humillar y matar si fuera necesario.

De hecho, y desde el punto de vista del guerrero zen, todo humano que se enfrasca en una guerra sin sentido para matar a su hermano es un vil traidor de sí mismo.

A menudo al enemigo y al traidor no se les mata del todo, pues son funcionales y sirven para mantener el miedo y la amenaza, real o ficticia, que mantenga a la masa con miedo y ocupada. Pura estrategia de distracción tanto en lo teológico como en la vida cotidiana.

El bien y el mal

La línea entre el bien y el mal a veces es difusa, pues hay cosas que parecen buenas y con el tiempo resultan malas, como la gasolina en general y la gasolina con plomo en particular, por la contaminación y toxicidad que generaron a pesar de la energía que produjeron.

Las energías naturales o renovables parecen ser la solución, pero la energía eólica producida con molinos gigantescos mata a muchas aves y para su construcción se requiere de agentes harto contaminantes.

La energía solar parece mejor, pero la producción de paneles solares también tiene sus complicaciones y desechos.

El hidrógeno, que en algún momento del siglo XX sirvió para hacer bombas nucleares, está en estos tiempos de moda, sin saber qué pasará en el futuro si se llega a usar masivamente.

La energía de fusión o de fisión nuclear sigue siendo un peligro.

La búsqueda de la energía limpia y renovable continúa, pero empezando la casa por la ventana, es decir, sin saber sus consecuencias y sin contar con la infraestructura básica para su distribución y consumo.

El automóvil parecía un buen invento, pero se ha convertido en un arma que ha matado a millones de seres humanos, un producto contaminante por los cuatro costados, y en un disparate económico cuyo coste de producción es muy bajo y su precio de venta al público una verdadera tomadura de pelo.

El transporte público en muchos países es una verdadera tortura, pero escogiendo entre lo malo y lo peor, puede ser mucho más eficiente, menos costoso y mucho menos contaminante que el automóvil particular, que debería desaparecer al tiempo que se consiguen fuentes de energía limpias y renovables, en lugar de enfocar este esfuerzo en producir más y más coches.

¿Cuál es la prisa? Total, este mundo es esférico y por más que corras siempre vas a llegar al mismo lado.

Por descontado, como monje zen poco sé de automoción, pero puedo observar y contemplar las calles y las avenidas atiborradas de agresivos conductores, de suicidios encubiertos al volante, con lo que el automóvil, un bien material que incluso puede ser de lujo y aumentar las diferencias económicas y sociales entre la población, se vuelve todo un mal.

Los activistas no lo señalan, o no los dejan señalarlo, pero sí señalan otras cosas que parecían buenas y ahora son malas, como las corridas de toros, los animales de los circos, el maltrato a las mascotas o tratar a los perros y gatos como los animales que son, y no como hijos a los que se les hace el favor de castrarlos para que sus crías no nos molesten.

Lo bueno y lo malo se mezcla sin cesar, y a menudo la bondad y la maldad son solo una moda, un hecho cultural cambiante, y no el mal preconizado por los templos y las iglesias.

Lo bueno es lo moral, lo ético, nos dicen a menudo personas que no son nada morales y mucho menos éticas, por no decir que lo bueno es lo que les conviene a ellas; mientras que lo malo es lo inmoral, lo pecaminoso, lo poco o nada ético, sobre todo si son acciones que no les convienen a ellas.

Entonces el bien es una conveniencia, y el mal algo que molesta o no conviene.

Hay muchos criminales de cuello negro o de cuello blanco, que justifican sus crímenes e incluso piensan que lo que hacen no es nada malo, ya que si roban o defraudan es porque la víctima era tonta o codiciosa, y se lo merece de sobra; y si matan, le están haciendo un favor a la víctima al liberarla de este mundo canalla.

Robar o engañar al otro, incluso comercialmente y de acuerdo por ambas partes, no se considera algo malo en sí, sino un acuerdo o contrato, cuando es obvio y patente que solo una de las partes se beneficia de tal pacto, algo que debería estar prohibido y que, sin embargo, se aplaude y hasta se crean instituciones para proteger a los ladrones, o simplemente no se persiguen de oficio sus fechorías, como cuando se escamotean los derechos de autor de un artista o escritor, que tiene que pagar para protestar y pedir que se le entregue económicamente lo correspondiente a sus derechos de autor (fianza y caución le dicen), sin ninguna garantía de que los vaya a cobrar.

Hacer el bien, como hacer feliz, mantener y apoyar a una persona, también puede ser contraproducente y salir bastante caro emocional y económicamente, porque la persona feliz, mantenida y apoyada (familia, pareja o amistad) puede argumentar o aducir que no pidió nada, que lo que recibió no fue suficiente, que era una obligación del proveedor, y que de esa manera se sintió humillada, usada y hasta apartada de la vida social a la que tiene derecho,

Hacer directamente el mal parece más sencillo y más claro, pero muy de vez en cuando puede dar el resultado inverso al que se pretende, y en vez de hacerle un mal se le acaba haciendo un favor, pues al intentar dañarlo se le pueden abrir nuevas y mejores puertas y oportunidades.

Todo se podría resumir en que hacer el bien es no hacer daño de ninguna forma a otra persona o grupo de personas.

Y hacer el mal es hacer conscientemente daño a una persona, grupo, animal o cosa, si bien es cierto que muchos códigos penales, así como muchos grupos sociales religiosos, sectarios o sensibles sancionan incluso el mal que se hace sin querer, por accidente o de una manera del todo inconsciente.

La lucha sempiterna del bien contra el mal.

Hacer el bien no siempre está bien visto, e incluso puede tomarse como una ingenuidad o una debilidad de quien lo hace; mientras que muy a menudo hacer el mal está aplaudido y prestigiado; y no hacer nada por llevar una vida contemplativa y madura, que no juzga y no interviene en lo que no le concierne o apetece (como hacen los monjes zen), puede ser tildado de maldad pura, ignorancia, indiferencia, falta de empatía, oscuros, fríos o nulos sentimientos, o exceso de soberbia.

Destierra el mal de ti mismo y así no tendrás guerras ni conflictos, sino las sanas batallas que debe enfrentar todo ser vivo.

"No hay sendero más certero que el del corazón, pero si te equivocas no dudes en usar el cerebro."

PROVERBIO ZEN

II
Sun Tzu, el libro de la guerra (el sendero de la batalla)

*Todos somos guerreros
en esta vida,
hombres, mujeres e infantes,
y quien no lucha, pierde.*
PROVERBIO ZEN

El sendero zen del guerrero es partidario de la estrategia vital para llevar una existencia digna y provechosa, pero no de la guerra bélica que consigue sus objetivos matando y sometiendo a otros.

La vida es una larga batalla en la que no se gana nunca la eternidad, pues ante la realidad de la muerte se puede pensar que al final siempre se pierde y que de nada sirve estar luchando, pues solo nos espera desaparecer de este mundo hagamos lo que hagamos, o dejando de hacer todo.

No pedimos ser paridos, no pedimos venir a este mundo (¿o sí?), por lo que no pudimos impedir nuestro propio nacimiento y presencia en este planeta, de la misma manera que no podemos evitar a la muerte, pero sí podemos luchar para que el trayecto de la vida sea lúcido y satisfactorio, en batalla permanente contra los sinsabores de la vida, superando errores, saltando obstáculos y peleando por todo aquello que consideramos positivo, bondadoso y correcto, sin descalificar a nada ni a nadie, y sin justificar nuestras derrotas, que las tendremos.

Por tanto, hay que ejercitarse y estar bien preparados para enfrentar al mundo entero y gozar de una existencia lúcida y consciente.

La guerra eterna.

Cuando la vida es una guerra constante, como lo ha sido en Asia (y en el mundo entero) durante siglos y hasta milenios, la guerra puede convertirse en todo un arte que sirve tanto para derrotar al "enemigo" como para enfrentar la vida diaria.

El doctor Tapia nos plantea, en su semblanza sobre el *Libro de la guerra*, la posibilidad de que la guerra sea más una maldición que un arte:

¿La guerra es en realidad un arte, o es una maldición?

¿Cómo es posible que algo tan sangriento y terrible seduzca a tantas personas en el mundo desde los inicios de la humanidad?

¿Por qué se aplaude a los que mueren y matan como héroes, en lugar de tener como héroes solo a los que protegen y salvan sin derramar la sangre de otros humanos?

¿Cuál fue la primera guerra entre humanos?

No lo sabemos.

No hay respuestas fáciles y sencillas, pero sí es obvio y patente que hasta la vida más pacífica está llena de luchas pequeñas y grandes, cotidianas o esporádicas, y que quien no lucha siempre pierde y nunca gana.

Incluso si se nace millonario y en una sociedad pacífica y avanzada, el día a día está lleno de responsabilidades, decisiones, elecciones y batallas queridas o no deseadas que hay que enfrentar de la mejor manera posible para que la derrota no nos llene de ruina e iniquidad.

Luchar por ser mejor, por llegar a la meta, por mantener lo que se tiene, por incrementar el patrimonio, por asegurar la vejez, por mantener la salud, para amar y ser amado, para superar los estudios, y hasta para levantarse cada mañana y enfrentar la vida y al mundo.

La vida es una guerra con sangre o sin sangre, y cada día es una batalla.

Pero es muy posible que desde las épocas de las cavernas se luchara por reproducción, territorio, semillas, frutos, caza y pesca, o por la utilización de las aguas de un río o una laguna.

La rebelión de los esclavos.

Para los celtas, por ejemplo, la guerra era algo natural, presente en todos los estadios de la naturaleza.

Las hormigas hacen la guerra, y con ello impulsaron el mito de los mirmidones en la cultura griega.

Las abejas hacen la guerra contra quien sea si ven amenazado su panal, si bien es cierto que contra los osos y los humanos poco pueden hacer para preservar su miel y mantener a salvo a la colonia.

Los monos luchan contra los perros.

Los babuinos tienen prácticamente un ejército contra depredadores.

Los depredadores están en guerra eterna contra otros depredadores, lobos contra tigres y leones contra hienas.

Los humanos, animales naturales al fin y al cabo, también hacen la guerra, tanto y de tal manera, que en algunas ocasiones se ha convertido en un arte, como señala el mítico general Sun Tzu (Sun Tzu en algunos textos, Tsun Tsu en otros), al que algunos dan como el autor de *El arte de la guerra* y otros lo consideran simplemente un personaje.

La vida, en muchos sentidos, nos dice Sun Tzu, es una larga guerra que siempre se pierde en la batalla final, por lo que no importa ganar o perder, sino la forma en que se gana o se pierde.

Hasta las hormigas hacen la guerra.

"No hay mejor batalla que la que no se libra".

"Vencer sin derramar sangre es la mejor manera de hacer la guerra".

Los espartanos eran un pueblo de guerreros, todos sus integrantes tenían formación física y militar en el uso de las armas y en las estrategias de la guerra.

Los celtas, quizá menos organizados, también formaban a sus habitantes en la lucha y en la destreza del arco y la flecha, la lanza y el escudo.

"Si quieres la paz, prepárate para la guerra", cuentan que decía Roosevelt, aunque la frase se ha adjudicado a muchos otros.

¿SIRVE REALMENTE LA GUERRA PARA MANTENER LA PAZ?

Para Sun Tzu y para muchos otros generales que en el mundo han sido la respuesta es sí, por eso es que muchos pueblos que vivían en armonía formaban sus ejércitos.

Los atenienses, menos rijosos que los espartanos y que los celtas y germanos, contaban con un ejército de ciudadanos perfectamente preparados, y también con mercenarios o guerreros profesionales como lo fueron Ulises (Odiseo) y Aquiles en la mítica Guerra de Troya.

La estrategia de engañar al enemigo para que rindiera sus puertas y murallas con un enorme caballo de madera se ha mantenido viva hasta nuestros días.

Dicen que "en el amor y en la guerra todo se vale", y en Troya tanto el amor, aunque adúltero entre Paris y Elena, y los intereses de las vías comerciales entre Occidente y Oriente llevaron a un largo asedio sobre la ciudad hasta que los griegos vencieron, tomaron la ciudad y "liberaron" a Elena para entregarla a su legítimo esposo, el viejo Menelao, rey de Esparta.

Paris (que por su nombre parece tener algo de celta),

mató a Aquiles casi sin querer al no acertar con la flecha al cuerpo, pero sí a su talón y único punto débil de su organismo, o bien como una sabia estrategia.

"La estrategia lo es todo", nos diría el general Sun Tzu en su *Arte de la guerra*, porque hay que conocer muy bien al adversario, sus puntos débiles, sus rutinas, sus posibilidades de triunfo, su número y su temperamento.

General Sun Tzu.

También hay que conocerse a uno mismo, como diría Sócrates, y saber los propios defectos y virtudes sin engaños ni falsas ilusiones.

Valor, justicia y templanza, nos diría Marco Aurelio, porque toda guerra debe tener un sentido, un por qué, sea el que este sea, y si es noble y sincero, mejor que mejor.

Hacer de este un mundo mejor, transmitir ciencia, tecnología, modernidad, valores morales y educación a otros pueblos: esta fue la intención tanto de Marco Aurelio como de Sun Tzu.

Por supuesto, a menudo los generales y los imperios se equivocan, y a pesar de su poder militar no logran sus objetivos, sinceros o falsos, interesados o con doble moral y doble rasero, y entonces viene la derrota a pesar de todos los esfuerzos e inversiones en el arte y negocio de la guerra.

En los conflictos bélicos a menudo solo ganan los que compran y venden, desde ideologías hasta armas, combustibles, medicamentos y alimentos, mientras todos los demás pierden, sobre todo los soldados rasos y las poblaciones civiles de ambos lados.

¿LA GUERRA ES UN NEGOCIO?

Los fabricantes de armas de todos los tiempos se han visto beneficiados, aunque sea temporalmente, por las escaramuzas, batallas o guerras.

"Los finos, cultos, filosóficos y atildados atenienses hicieron la guerra muchas veces solo por conseguir un mísero y sucio botín", como criticara Aristófanes en *Lisístrata*, unos cuantos esclavos, unas hetairas o un palmo de tierra o de playa.

Supermercado de armas.

Guerrear para robar.

Nuestras guerras actuales mantienen con muy buena salud económica a los países productores de explosivos, municiones y armas, con lo que un soldado norteamericano puede usar una "K7 rusa", o un soldado ruso una "R15 americana", pistolas chinas, explosivos y minas españolas, y percutores alemanes, argentinos o japoneses.

Obviamente, como señala Sun Tzu, los pertrechos y suministros militares son muy importantes a la hora de enfrentar la batalla; ir bien armado, bien vestido y bien comido, además de bien preparado y bien entrenado, sano y fuerte física, mental y emocionalmente, todo bajo una estricta disciplina.

**Carne de cañón disciplinada
y preparada para morir.**

Napoleón y Hitler pierden ante los rusos por pretender hacerles la guerra en invierno sin el equipamiento pertinente.

Las legiones romanas parecían saberse el Sun Tzu de memoria, y mientras mantuvieron la disciplina y el sentido imperial de sus guerras salieron casi siempre victoriosos, mientras que los pueblos "bárbaros y salvajes", entre ellos los celtas galos, solo sabían la parte referida a la defensa y a la resistencia.

El Cerco Numantino, que tras veinte años de asedio y año y medio de férreo cerco por los cuatro costados de la ciudad, acabó con el suicidio colectivo de los celtíberos que la defendieron brava y heroicamente hasta el final.

"Si ves perdida la batalla, lo mejor es que mueras con honor y de pie, nunca humillado", o "más vale morir de pie (y con las botas puestas) que vivir arrodillado".

Oriente Medio, ocho mil años en guerra sin un solo día de paz.

Perder con honor no es perder, y ganar con deshonor no es ganar. Si bien hay personas y generaciones que nada han sabido de un conflicto bélico, para buena parte del mundo las guerras y las batallas no se han detenido nunca.

Arafat decía que Oriente Medio llevaba ocho mil años en guerra sin un solo día de paz, y que los genocidios y expolios que el Estado de Israel cometía sobre Palestina (un pueblo entonces sin Estado) no mejoraban nada la situación.

"Si la tercera Guerra Mundial se hace con armas nucleares, la cuarta Guerra Mundial se hará con palos y piedras".

PERO ¿QUÉ ES LA VIDA SINO UN CONFLICTO QUE NO CESA?

El budismo y el jainismo intentaron seguir el camino de la no violencia, y para evitar el conflicto propusieron la ausencia de los deseos, sobre todo los de posesión, pero sus monjes y gonzos nos han enseñado que también son capaces de la violencia más virulenta a pesar de no tener deseos materiales.

¿El conflicto es inherente al hombre?

Tal parece que sí, y entre los celtas y los bretones, a pesar de ser grupos hermanos y sin intereses materiales, hubo más de un conflicto y de una escaramuza muy violenta.

Julio César estaba impactado ante la visión de un pueblo tan alegre y armónico, como los galos, que a la vez era capaz de las acciones más truculentas.

La redacción de *El arte de la guerra*, de Sun Tzu, proviene al parecer del siglo V antes de nuestra era, cuando Roma se expandió hacia Híspalis, los galos vivían en perpetua guerra contra griegos y romanos, Egipto se helenizaba y el budismo inundaba todo Oriente, una época de esplendor en muchos sentidos, donde saber o no hacer la guerra hacía la diferencia.

En ese siglo V antes de nuestra era, ni Ciro ni Darío, ni tampoco Jerjes I lograron vencer a los atenienses a pesar de la grandeza de sus ejércitos. La toma de una Atenas vacía fue el mayor logro de Jerjes, que poco después cayera en la emboscada marina de Salamina para perder la batalla y dejar de ambicionar la posesión de Grecia.

Jerjes I, de la gloria a la derrota.

Casi dos siglos después, Alejandro Magno les devolvió la afrenta y se hizo dueño del mundo conocido, Persia incluida.

La guerra puede ser curiosa y hasta tener sus rasgos de humor a pesar de ser sangrienta y cruenta, con sonoras celebraciones por la victoria, como no menos sonadas celebraciones por la derrota, y es que la guerra forma parte de la vida, y los héroes y los soldados, por fieros o magníficos que parezcan, también son seres humanos que aman, sufren, ríen, lloran y tienen sueños de un futuro más halagüeño, por lo que un libro como *El arte de la guerra* de Sun Tzu (*Sun Tzu Ping-fa*, en chino) puede servir para la vida cotidiana de cualquier ser humano que lucha día a día por mejorar en todos los sentidos y salir adelante:

-Aproximarse, conocer el terreno.

-Dirección, la economía y las alianzas.

-Estrategia ofensiva, las cualidades y poderes propios.

-Disposiciones, la defensa.

-Energía, creatividad e impulso.

-Puntos débiles y puntos fuertes propios y ajenos.

-Maniobra, enfrentar y conocer los riesgos.

-Las nueve variables, tener en cuenta los cambios.

-Marchas, saber por dónde se camina y cómo hacerlo.

-Terreno, saber los tiempos, la lejanía y los recursos con que se cuenta en ellos.

-Los nueve terrenos, reconocer los accidentes y variedades del lugar.

-Ataque de fuego, saber con qué armas y elementos se cuenta, y cómo aplicarlos en cada momento.

-Los espías, la importancia de la información de los defectos, virtudes y potencias propias y ajenas. Tener siempre los oídos y los ojos abiertos.

Si conoces al adversario tanto como a ti mismo, nos señala el general Sun Tzu, siempre saldrás triunfador o ileso de tus batallas y de tus compromisos no solo de la guerra, sino de tu vida diaria.

"En esta vida nada es bueno ni nada es malo, ni elevado ni peor, todo es relativo al mayor poder y al mejor postor. Plantea bien tu estrategia."

PROVERBIO ZEN

III

NABUCODONOSOR, LA GUERRA
COMO MISIÓN DIVINA
(EL SENDERO TEMPORAL)

No me digas qué significan
mis sueños,
noble hechicero,
adivina lo que soñé
y entonces salvarás
tu vida.

NABUCODONOSOR

El sendero zen del guerrero aconseja huir del complejo mesiánico, sobre todo si se tiene acceso a algún tipo de poder.

Huye de los dioses y de las visiones.

Nunca te creas el elegido, porque nadie lo es.

Pon los pies en tierra y reconócete como un simple humano más.

Sé valientemente humilde.

Vence a tus propios aires de grandeza.

Sé consciente siempre de que no eres inmortal, y que todo triunfo y toda vida es pasajera.

¿A quién se le ocurrió que los reyes eran reyes por designio divino?

¿Qué dios bajó a la Tierra para testificar personalmente a favor de uno o de otro monarca?

La idea es infantil y absurda.

Ningún dios ha hablado, escrito o comunicado que tal persona deba ser presidente, gobernante o rey.

**"La mortalidad impide a los reyes ser dioses,
pero yo seré inmortal", Nabucodonosor II.**

Sin embargo, durante miles de años la gente lo creyó, tanto y de tal manera que los mismos monarcas, como Nabucodonosor II, también se lo creyeron, y no dudaron nunca de haber sido elegidos por los dioses, tener sangre divina y hasta ser dioses en la Tierra, por lo menos hasta que la muerte los alcanzaba y comprendían (o no) que de dioses no tenían nada por más que construyeran tumbas, como los faraones egipcios, que los llevaran al otro mundo de manera segura.

Falsas creencias que crean falsas ilusiones.

Nabucodonosor II, que gobernó Caldea en los siglos VII y VI antes de la era común, se sentía descendiente directo de Marduk, el dios patrono de Babilonia, y por lo tanto legítimo rey destinado a conquistar el mundo.

Tan longevo como Nabucodonosor I, casi un milenio antes, también fue un temido conquistador, pero no se hizo tan famoso porque los textos sagrados hebreos e islámicos no lo mencionan.

Su nombre, "paraíso protector", trajo la esperanza de redención a los habitantes de Babilonia y alrededores, una Babilonia que había sido mermada y en buena parte destruida por Senaqueribo y Asurbanipal, que la pusieron bajo el dominio acadio, persa y sirio en el reinado anterior a Nabucodonosor II.

Entre los siglos VII y VI antes del calendario romano, Nabucodonosor II reconquistó los territorios caldeos yendo al frente de sus tropas, como se hacía por aquel entonces y no resguardado en un despacho, y se envalentonó tanto que decidió seguir sus campañas militares desde el Tigris y el Éufrates hacia buena parte de la cuenca mediterránea, inquietando a todo Egipto, que pactó con Caldea todo lo que pudo para no someterse a ella.

Una de sus conquistas, y a la cual debe buena parte de su fama, fue Jerusalén, por aquel entonces bajo el dominio de Judea, como quedó asentado en la Torá, llevándose a su población hasta Babilonia, para llenar con otras tribus a la desierta Jerusalén.

Los judíos trabajaron en Babilonia como una especie de inmigrantes no del todo esclavos, pero sin los privilegios de los babilonios, que se burlaban de la fe y del dios de los hebreos cada vez que podían.

"No hay señor más grande ni más alto que Marduk, Jehová es solo su sirviente".

Nabucodonosor II vivió entre 80 y 81 años, y tuvo a los judíos como trabajadores, sirvientes y hasta consejeros durante no se sabe exactamente cuántos años, pero los suficientes como para darse cuenta de que ni los judíos se integraban a Babilonia, ni los babilonios a Jerusalén.

Uno de esos judíos, el profeta Daniel, fue empleado y consejero de Nabucodonosor, al que le encantaban los misterios y las artes místicas, algo en lo que los visionarios judíos, como Daniel, eran muy versados a pesar de las prohibiciones de sus textos sagrados.

El profeta Daniel, poco apetecible para los leones.

Daniel, al que Nabucodonosor bautizó como Baltasar, no fue un plato apetecible para los leones, y eso impresionó al monarca caldeo.

Daniel se ganó su confianza con sus visiones, tanto, que incluso se cuenta que era capaz de adivinar lo que el monarca había soñado.

También era diestro en la quiromancia, y le desveló a Nabucodonosor algunos de los secretos que hay en las palmas de las manos, como la longevidad en la línea de la vida y la visión en el centro de la palma de la mano.

Nabucodonosor se hizo marcar con fuego una línea de la vida muy ancha y larga, y un ojo en el centro de la palma de su mano derecha, para vivir mucho tiempo y ser su propio profeta.

Nadie sabe exactamente qué sucedió, pero un buen día Nabucodonosor echó a los judíos de Babilonia y los reinstaló en Jerusalén.

Unos cuentan que fue porque vio cómo cuatro de ellos entraron en el fuego y salieron de él sin que les pasara nada, ni una simple quemada, y se asustó del poder mágico y religioso de los hebreos.

Otros dicen que habló personalmente con Jehová y que este le dijo: "Este no es tu reino".

No faltan los que aseguran que una vez que obtuvo lo que quiso del pueblo judío, como trabajadores, sirvientes, magos, profetas y consejeros, se hartó de ellos y de su fanatismo, y los mandó de nuevo a sus tierras.

Daniel mismo escribió que Nabucodonosor perdió el juicio, enfermó del cerebro y se convirtió en una especie de fiera, por lo que sus allegados lo exiliaron al monte para que purgara así sus dolencias.

¿Castigo de Jehová sobre Nabucodonosor por haber retenido y humillado a su pueblo?

¿Demostración de que Jehová era más poderoso que Marduk?

¿O simples fantasías de Daniel para complacer al pueblo judío?

Hay que tomar en cuenta que de Jerusalén a Babilonia fue llevada toda la población hebrea, hombres, rabinos, mujeres, niños, jueces, comerciantes, médicos, rameras, campesinos, cabreros, soldados y hasta perros y animales de granja; y de la misma manera que fue llevada a Babilonia, fue devuelta a Jerusalén. Daniel, entre otros profetas anteriores y posteriores, maldijeron y predijeron la caída y destrucción de todo Caldea (y de Egipto, de paso), cosa que en realidad nunca sucedió según las profecías, y mucho menos en los tiempos señalados, porque en su ausencia Nabucodonosor cambió las armas y los deseos de conquista por la reconstrucción de Babilonia y las mejoras sociales y económicas para todo los habitantes de Caldea.

¿POR QUÉ CAMBIÓ NABUCODONOSOR?

En los registros históricos de Caldea, Babilonia y alrededores no consta en absoluto que Nabucodonosor haya enloquecido para convertirse en una especie de orate furibundo ni nada por el estilo, sino todo lo contrario, que siempre gozó de muy buena salud y fortaleza mental, aunque sí cambió la espada y la guerra por la construcción y mejora de Babilonia, refinando sus gustos y aumentando sus conocimientos, así que en lugar de embrutecer, se había elevado y superado a sí mismo como persona.

La Babilonia de Nabucodonosor II.

El orgulloso y prepotente señor de medio mundo, el soberbio y presumido, el mata gigantes y envalentonado Nabucodonosor II, ahora era patrón de las artes y las ciencias, del orden y la armonía, de la arquitectura y la construcción faraónica, que hizo de Babilonia en una sola década la ciudad más hermosa y productiva del planeta.

Un cambio increíble: de matar y conquistar a preservar la vida propia y de los demás.

¿Se puede cambiar tanto de un día para otro?

Quizá no del todo, porque hay que tener en cuenta que Nabucodonosor II en su etapa guerrera no fue un sádico asesino ni un genocida. Logró la paz con los medas por medio de una alianza matrimonial. No masacró a los judíos ni a los cananeos. Abrió las fronteras y permitió el libre tráfico de personas y mercancías en su reino.

Tras liberar al pueblo judío y tener bajo su dominio el Medio Oriente y la cuenca mediterránea, quizá consideró que era hora de darle otro sentido a su vida, por lo que hizo de Babilonia una bella ciudad amurallada, partida por dos ríos, con imponentes edificios, magníficos templos y con una estabilidad política, social y comercial sin precedentes en la zona, por lo menos durante cuarenta o cincuenta años.

Marduk, el Dios de dioses.

No hay registros históricos de que haya cambiado a Marduk por Jehová, sino todo lo contrario, pues erigió un magnífico templo en honor de Marduk, el Dios de dioses, y extendió su fe y su culto a los territorios conquistados.

Tampoco dejó de tener interés por el misticismo y las ciencias ocultas, pero sin locuras ni fanatismos absurdos, y además se interesó por los conocimientos de griegos, hindús y asiáticos que iban llegando tanto a Europa como a Medio Oriente. No es que se haya convertido al zen tradicional, anterior al budismo, sino simplemente que maduró y que en él, como en todos los seres humanos, ya existía la semilla de la bondad, la belleza y la sabiduría.

Por otra parte, Marduk, el Dios de dioses, era un luchador y un cazador, pero no un señor de la guerra, ya que a los únicos que le interesaba destruir era a los demonios internos y externos, al mal en sí, y no a los pueblos vecinos ni a los que creyeran en otros dioses, pues él era el Señor de todos ellos, y esas tradiciones culturales y religiosas eran las que influyeron sobre el carácter de Nabucodonosor II.

No es lo mismo la infancia que la juventud.

No es lo mismo la juventud que la madurez.

Y no es lo mismo la madurez que la ancianidad.

Tampoco nunca es tarde ni temprano para cambiar y mejorar.

Las experiencias de la guerra pueden provocar la necesidad de la paz.

Nadie está exento de equivocarse y errar.

Nadie está privado de cambiar y mejorar.

El sendero zen del guerrero no juzga ni a los demás ni a sí mismo, sino que actúa y corrige lo que puede corregir, y mejora lo que puede mejorar.

Cada día, cada instante de la vida es una magnífica oportunidad para pasar del sendero de la negación al sendero iluminado y lúcido de la verdad que algunos llaman divinidad, como si la divinidad fuera algo que está en el cielo, en otra dimensión o ahí afuera, cuando es algo que todos y cada uno de nosotros llevamos dentro, como Nabucodonosor, quien murió de viejo, tranquilo y satisfecho, demostrando que sí se puede ganar la batalla a la vida elevando el propio nivel de existencia.

La mítica Torre de Babel que ofendiera a un dios.

Por lo que respecta a Babilonia como ciudad, hay que mencionar que al poco tiempo de la muerte de Nabucodonosor fue arrasada por Ciro el Grande, ganándola para Persia pero no destruida del todo, ya que fue arrasada y reconstruida varias veces, hasta que en el siglo XVII cayó bajo el Imperio otomano, y desde entonces solo quedan sus ruinas, las cuales, quién podría saberlo, pueden volver a ser en un futuro lo que fueron bajo el mandato de Nabucodonosor II: un remanso de diversidad, tolerancia e intercambio en donde todo el mundo se entendía como si hablaran la misma lengua, aunque nunca erigieron la mítica Torre de Babel que un dios celoso destruyó, según se cuenta, para que la gente no se entendiera, porque entenderse como hermanos, en lugar de hacerse la guerra y matarse unos a otros, no era del gusto de ese dios.

"Las vidas vacías y necias hunden y pesan, son conflictivas y buscan la guerra, mientras que las vidas plenas son ligeras y vuelan."

PROVERBIO ZEN

IV
Jerjes, no hay enemigo pequeño
(El sendero del poder)

*Puedes vencer
a todos los demás,
pero si no te has vencido
a ti mismo,
has perdido la batalla.*

Marco Aurelio

Jerjes I, el "gobernador de héroes", desde muy joven demostró buenas habilidades para el gobierno y la guerra, tanto es así que Darío I, el monarca anterior, lo eligió por encima de sus hermanos mayores, a los cuales tampoco les faltaban méritos para gobernar su imperio. A cambio de ello, fueron nombrados Sátrapas (gobernadores) de las provincias persas y medas, para ayudar y apoyar a su joven hermano en los menesteres de la hacienda, la gleba y, por supuesto, la invasión de territorios ajenos y la defensa de los territorios propios.

Desde muy temprana edad Jerjes luchó y trabajó para tener el poder, emulando los éxitos de Darío I y, sobre todo, de Ciro II, el Grande, que no hacía mucho se había hecho dueño de Babilonia, la codiciada perla de Oriente.

Perseguir el poder es como perseguir un sueño, porque por más que sueñes y que consigas el poder, nunca estarás satisfecho, y así le sucedió a Jerjes.

Darío I, padre de Jerjes.

El poder alimenta la codicia, y con ella la insatisfacción eterna, el vacío del ser y del alma, por eso es que quien tiene y detenta el poder, rara vez se siente pleno.

El poder es una especie de loca emoción muy difícil de soltar, de dejar de lado, aunque hay personas que lo han logrado tras una fuerte desintoxicación o tras tomar consciencia de la realidad en un golpe de iluminada lucidez, como pudo haber sido el caso de Nabucodonosor II.

El guerrero zen casi nunca está cerca del poder, pero ha habido casos, como la de aquel maestro zen que, por conocer a Buda en persona (o Daruma-San, como se le llama a Buda en Japón), se cortó el brazo izquierdo con su propia catana para llamar la atención del Bodhid-harma (el primero o la vigésimo sexta reencarnación, dependiendo de la fuente de la leyenda) y así poder hablar con él para fundar el budismo zen en su honor, cosa que unos aplauden y otros denostan, de la misma manera que unos denostan el fanatismo y otros se lanzan de cabeza a él.

Salvadas las distancias, en el Medio Oriente el rey Jerjes era una especie de Buda o de ser divino idolatrado por multitudes, que hubieran dado sus dos brazos para estar a su lado unos segundos, o su vida entera con tal de servirle y formar parte de su imperio.

Jerjes el sabio.

Jerjes el valiente.

Jerjes el más fuerte.

Jerjes el más bello de los hombres.

Jerjes el invencible.

Jerjes el invulnerable.

Jerjes el más grande.

Jerjes divino, divino Jerjes.

Y Jerjes se lo creyó al ver la adoración que le profesaban sus súbditos y hasta los súbditos de los pueblos conquistados.

Cuando inició sus campañas contra Grecia, ya era el amo y señor de todo Medio Oriente y parte de Europa Oriental, así que no creyó hallar mayor resistencia, y ni siquiera gastar una sola flecha tras la rendición de Macedonia. Desgraciadamente, los espartanos eran un pueblo poderoso, guerrero, valiente y nada creyente, ni en Jerjes ni en Zeus.

No hacía mucho Esparta había vencido a Atenas en la Guerra del Peloponeso, solo para demostrar su fuerza, pero sin ningún interés en conquistarla; algo que Jerjes sí deseaba, por las buenas o por las malas.

El paso de las Termópilas, donde los espartanos lo enfrenaron, fue tan solo un tentempié para el ejército de Jerjes.

Los atenienses, más estrategas y menos rijosos que los espartanos, dejaron que el ejército aqueménida, de Jerjes I, tomara una Atenas vacía para que los invasores desquitaran su rabia contra las piedras, como así lo hicieron.

No en vano Atenea, la diosa de la estrategia militar, era la patrona de Atenas: "las piedras pueden destruirse, pero su esencia nunca muere."

Atenas arrasada por Jerjes I.

Poco después, con la unión de la Liga Egea, a la que se sumó Macedonia además de Esparta y Atenas, Jerjes perdió la batalla naval de Salamina a pocos kilómetros de Atenas, y tuvo que retirarse humillado y sintiéndose menos divino, además de creerse abandonado por los dioses.

Egipto y Babilonia habían opuesto menos resistencia, y si bien nunca se sometieron del todo al Imperio persa, en el papel parecían contrincantes más poderosos que la pequeña Grecia.

Un ejército puede ser muy poderoso por su número de hombres, pero puede ser muy débil si carece de una buena estrategia, y Jerjes valoró más el número que la inteligencia.

El ejército de Jerjes era muy numeroso pero demasiado diverso, con diferentes lenguas, valores morales y creencias, que hacían difícil el entendimiento entre las tropas, que, si bien adoraban a Jerjes, a menudo peleaban entre ellas, tanto por el botín como por la disparidad de opiniones en el ataque o la defensa y, sobre todo, por ganarse el favor y la preferencia del monarca persa.

La venganza

Una de las motivaciones más habituales para comenzar una guerra es la venganza, y en los tiempos de Jerjes era muy habitual que unas veces se ganara una batalla y otras veces se perdiera, con lo que a menudo no se sabía bien del todo quién se estaba vengando de quién en una espiral de violencia, venganzas, rencores, desconfianzas y resquemores que dura hasta nuestros días Jerjes se vengó de varios pueblos, unos que habían derrotado a Darío I y otros que habían derrotado a

Ciro el Grande; y mientras se vengaba y ensanchaba el territorio Persa, se paseaba por medio mundo gozando de todos los placeres y lujos de los que podía gozar en su propia corte.

Ciro II, el Grande.

La venganza a menudo es hermana de la envidia, y quizá por eso Jerjes fue asesinado a mediados del siglo V por Artabano, su comandante en jefe de la prestigiosa Guardia Real, y por tanto el más poderoso funcionario de la corte persa, algo así como la mano derecha de Jerjes en palacio, según algunos por celos de harén, y otros con el fin de colocar a sus hijos como funcionarios del Estado, algo a lo que se oponía Jerjes para evitar dinastías de nepotismo en su corte.

Artabano se corrompió pronto y su crimen no le sirvió para quedarse con todo el poder, sino que favoreció indirectamente a Artajerjes I, quien se quedó con la corona sin ningún esfuerzo.

Jerjes tenía entonces 53 años de edad y llevaba gobernando 21, con triunfos y derrotas a su espalda, no muy feliz y algo decepcionado de la vida, con la espina clavada de la derrota de Salamina, y sin tiempo para lograr la venganza tan deseada sobre los griegos, un puñado de pueblos pequeños y muchos islotes y montañas con campesinos, artesanos y cabreros como soldados, necios y brutos, nada refinados, mientras que él era grande, sabio y excelso, elegido por los dioses para gobernar a los verdaderos héroes del mundo entero.

"Un simple insecto puede acabar con la vida de todo un ejército y derrotarlo sin el menor esfuerzo."

PROVERBIO ZEN

V

Artemisa, Cleopatra y las amazonas (el sendero femenino)

El género
es solo un pretexto
de dominación
en ambas direcciones.
SIMONE DE BEAUVOIR

Se podría decir que casi todo el género femenino sigue el sendero zen del guerrero desde el principio de los tiempos.

Las mujeres han tenido poca publicidad a lo largo de la historia, pero nunca han sido verdaderamente invisibles, y si bien la mayoría no destacó públicamente en las artes, las ciencias y la guerra (como tampoco lo ha hecho la mayoría de los hombres), hubo algunas muy destacadas en su tiempo y no han dejado de ser famosas hasta ahora, como Diótima, en el diálogo del *Banquete* de Platón, que habla sobre el amor con Sócrates, que de ese tema parecía saber muy poco; Hipatia de Alejandría, desollada por los bondadosos y espirituales cristianos; las míticas amazonas norteafricanas o las japonesas; la iluminada Juana de Arco, más mítica aún; la monja Alférez, travestida y brava; Boudica, la celta que dirigió un ejército de 60 mil hombres contra las legiones romanas; y las diosas Minerva y Atenea, que son la misma, en realidad; Cleopatra, que dominó todo un imperio, el egipcio, y trajo de cabeza a otro, el romano;

o la mítica Artemisa, no la diosa (Diana Cazadora para los romanos), sino la única mujer que combatió al lado de Jerjes en la batalla naval de Salamina, por mencionar solo unas cuantas.

Hay muchas más, seguramente, e incluso es posible que entre las tropas de Jerjes hubiera otros contingentes femeninos por mucho que solo Artemisa se haya llevado la fama.

Guerrera griega.

Jenofonte nos cuenta en su *Anábasis* que los diez mil guerreros griegos que marcharon contra Ciro el Grande iban acompañados de notarios, jueces, hetairas, amantes (hombres y mujeres), alguna esposa, vendedores de comida y de pertrechos, médicos y hasta mascotas, y que en determinados momentos, que no ocurrieron en esa marcha, se veían obligados a tomar parte en la contienda.

La marcha de los diez mil fue infructuosa porque Ciro el Grande se indispuso y no presentó batalla, por lo que los diez soldados y su enorme séquito tuvieron que volverse a Grecia con las manos vacías después de arrasar todo pueblo que se encontraron en su camino, pero con las mujeres que los acompañaban siempre activas y listas para la guerra cuando hiciera falta.

Atenea, la diosa de las estrategias militares.

A partir de las leyes de Solón, las atenienses empezaron a quedarse en casa gracias a la instauración de la

famosa monogamia, pero no las espartanas ni las lace-
donias y mucho menos las macedonias, que eran fuertes, aguerridas, libres y hábiles con el arco y la espada,
como las celtas y las germanas.

Y no solo eran guerreras, sino hábiles diplomáticas
y estrategas que arreglaban matrimonios entre pueblos
para lograr alianzas de mutua conveniencia y etapas de
paz más duraderas.

Más vale una mala estrategia que una buena guerra,
de la misma manera que más vale un mal arreglo que
un buen pleito, y las guerreras de todos los tiempos lo
han sabido siempre.

Artemisa, humana y diosa.

La capacidad femenina de la conciliación apenas si la tiene el hombre.

Es como si la mujer hubiera nacido socióloga, como si sus genes ya vinieran entrenados, tanto para la guerra cotidiana como para los conflictos bélicos.

Artemisa, la lugarteniente de Jerjes en la batalla de Salamina (y seguramente en otras batallas), no solo era capaz de enfrentar a cualquier hombre con la espada, sino que además era una hábil arquera, una inteligente negociadora y una líder incuestionable.

Mientras que Artemisa, o Diana Cazadora, la célebre diosa grecorromana, era todo eso y algo más, pues era libre como el viento y no tenía más guerra que la suya propia ni más señor que la carne del ciervo, para algunos virgen impoluta, y para otros un dechado de sexualidad capaz de vencer en el lecho a cientos de hombres, e incluso de violarlos, como la Vaquera de la Finojosa, si así le apetecía.

El hombre puede ser fuerte en un instante, pero la mujer es siempre más resistente y duradera en todos los planos de este mundo, física, mental, anímica y, por supuesto, sexualmente. Se les puede ocultar y encerrar, pero no vencerlas.

Las amazonas griegas y japonesas

Las amazonas más famosas son las míticas guerreras de la mitología griega, con Hipólita, su reina, que se enamoró de Hércules y lo usó como quiso, pero que le perdonó la muerte, aunque hay versiones diferentes donde Hércules es quien le perdona la vida a Hipólita.

Las amazonas, prestas para la batalla.

Esas amazonas eran tan o más diestras que lo hombres con el arco y el puñal, y vencieron en cientos de batallas, casi todas ellas defensivas, a los que intentaron invadir sus terrenos, donde los hombres solo entraban para servir de sementales y luego encontrar la muerte.

En el reino de Hipólita solo podían vivir mujeres, y hasta allí llegaban aquellas que no encontraban acomodo en sus naciones de origen, para ser entrenadas y convertidas en guerreras superiores a los hombres.

Se cuenta que las amazonas se cortaban el seno derecho para manejar mejor el arco, y que tras parir al primer hijo (al que después desterraban) o la primera hija (a la cual conservaban para sumarla a la tropa), se sacaban las entrañas (histerectomía) para no padecer menstruaciones que las distrajeran de su disciplina militar, y así no tener ningún punto inferior al de los presuntuosos hombres.

Por su parte, las Onna-bugeisha, las amazonas japonesas, fueron menos míticas y más reales, incluso formaron parte de los ejércitos Samurái y sus nombres quedaron registrados en la historia, como el de la Emperatriz Jingu, que murió en batalla intentado conquistar lo que hoy es Corea, aunque algunos la consideran más leyenda que realidad.

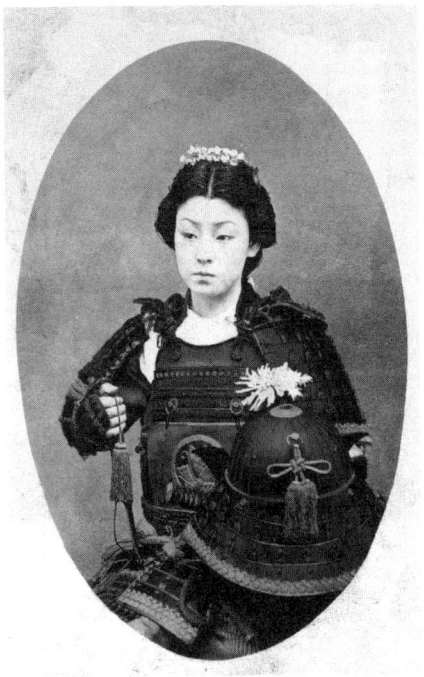

Onna-bugeisha, mujer guerrera y amazona japonesa.

Quizá la más histórica de ellas es, probablemente, Hojo Masako, que murió a los 69 años tras una larga vida dedicada a la guerra, la lucha, las batallas y los excesos propios de la soldadesca, a pesar de haber sido monja sintoísta e hija, madre y hasta esposa de señores Shogun.

**Las valquirias, presentes
en el banquete de Valhala.**

LAS VALQUIRIAS

Guerreras grandes y fuertes, valientes y decididas, con derecho para entrar al Valhala, son figuras de las mitologías vikinga, nórdica y germana; combatientes feroces y temidas, enfermeras o médicos militares, excelentes estrategas, amantes insaciables, compañeras de los dioses y de los héroes guerreros, pero siempre independientes, viudas o solteras, porque no había hombre que les siguiera el ritmo en ningún plano de la vida, por lo que ellas eran las que señalaban quién era un verdadero héroe, y quién no daba la talla en el mundo vikingo.

GUERRERAS CONTEMPLATIVAS
Y GUERRERAS ACTIVAS

Quedarse en casa y lograr el derecho a la castidad nunca ha sido óbice para que las mujeres de todos los tiempos sean unas aguerridas guerreras, sabias y recogidas cuando es oportuno serlo, y valientes y decididas cuando llega el momento, además de ser las que conservan las tradiciones, las que transmiten la cultura de generación en generación, las educadoras, las magas, las brujas, las curanderas, las enfermeras, las químicas, las cuidadoras y hasta las defensoras.

Por las venas de las mujeres judías corre la sangre divina del prometido mesías, nadie es judío de verdad si no ha nacido de madre judía.

Las Vírgenes católicas son advocaciones no solo de María, sino de brujas, meigas, magas, sabias, valientes, curanderas y mujeres libres y guerreras de medio mundo, como Santa Hildegarda y sus diez mil vírgenes.

Las mujeres siempre han sabido hacer la paz, pero también han sabido hacer la guerra cuando no queda más remedio.

"Te vas a dormir", pueden decirle al hombre más poderoso de la Tierra, además de domarlo y hacerle hacer lo que ellas quieran, y no lo que él se proponía. Las madres y las esposas de los césares así lo hacían, y por eso dominaron al Imperio romano tras bambalinas.

Los hombres pueden llevarse el crédito, pero no importa, porque detrás, y sin arriesgar demasiado, siempre han estado ellas: detrás de todo megalómano presuntuoso y manipulable hay una verdadera estratega y persona a la que se le llama mujer.

CLEOPATRA

La mujer, con crédito o sin crédito social, atiende varios frentes todos los días, y no lo hace por sumisa o por pretender ser supermujer, sino para mantener el poder dentro de su territorio y decidir sobre sí misma y los suyos, por lo que emular la vanidad pública del hombre no ha tenido sentido durante milenios.

Cleopatra, por ejemplo, era un dechado de virtudes. Política, guerrera, políglota, astrónoma, química y hábil diplomática que no le iba a la saga a ningún hombre, ni siquiera a Marco Antonio y mucho menos a Julio César, pues a pesar de todo mantuvo la autonomía de los Ptolomeo por más que los emperadores romanos se consideraran faraones, pues estos raras veces se acercaban a Egipto ni tomaban decisiones con respecto a su gobierno, por más que en el papel dijeran que Egipto era una provincia romana.

Cleopatra Selene II, reina de Marruecos.

Tanto es así, que la hija de Cleopatra, Selene II, llegó a ser la reina excelsa de Marruecos, con virtudes muy parecidas a las de su madre.

Finalmente, Roma venció a Egipto, pero antes Cleopatra Ptolomeo ya había conquistado a Roma en dos ocasiones, una venciendo a Julio César, y la otra ganando el corazón de Marco Antonio (padre de Selene), lo que puso en jaque a Roma durante varios años hasta que Octavio Augusto derrotó a Marco Antonio.

La muerte de Cleopatra sigue siendo un misterio, lo que ha dado lugar a varias leyendas, desde la traición y el envenenamiento hasta el suicidio, pasando por la mordedura accidental de un áspid.

"Murió de amor al ver derrotado a Marco Antonio",

podría ser su epitafio, pero la verdad es que no se sabe exactamente la causa de su muerte. Lo que sí sabe es que luchó por su pueblo de todas las maneras posibles y con las armas que tenía a su alcance.

No se parecía a Elizabeth Taylor ni a otras actrices que la han encarnado, pues su belleza y carisma iba más allá del simple aspecto físico, y su atractivo era superior al canon griego de la estética.

Cleopatra, la belleza del intelecto.

De lejana ascendencia griega, Cleopatra era del todo egipcia, y se casó en primeras nupcias con su hermano, Ptolomeo XIII; fue amante de Julio César, dándole un hijo, Cesarión; se casó en segundas nupcias con Marco Antonio; y en terceras nupcias con otro de sus hermanos, algo muy común en el Egipto de aquella época, Ptolomeo XIV.

Se cuenta que tuvo todos los amantes que quiso, pero solo tuvo cuatro hijos, como buena madre responsable.

No llegó a cumplir los cuarenta años, pero tampoco era una niña para su tiempo, sino una mujer hecha y derecha, y una reina excepcional en el helenizado Egipto, donde la cultura florecía y el pueblo estaba contento y bien alimentado.

Iguales, pero diferentes

Sociológicamente hablando, como dicen Jay Tatsay y los doctores Tapia, ser hombre o ser mujer depende de la cultura y construcción social de ambos géneros, ya que a lo largo de la historia y en las diferentes culturas y pueblos los modelos han sido diversos y variopintos.

Como vietnamita que soy, puedo asegurar que las mujeres occidentales se parecen bien poco, socialmente hablando, a las mujeres orientales, y en el mismo Oriente no es igual una tibetana, que tiene varios maridos, a una bengalí casi musulmana, ni a una amazona japonesa, a una china campesina o a una malaya, y mucho menos a las mujeres del lago Mogul, que no tienen marido, pero sí hijos y enamorados, y para nada a las recias y resistentes mongolas.

Nadie nace mujer, y mucho menos mujer occidental de los últimos dos siglos, como bien señalara Simone de Beauvoir en *El segundo sexo*, porque el ser mujer, socialmente hablando, se construye y no es lo mismo una mujer del siglo XVII en Bolonia, donde había grandes y reconocidas pintoras (como Lizbeth Sirani), matemáticas, poetas y músicas, que una británica de clase media y obligada a casarse para sobrevivir en el mismo siglo, como relata Jane Austin.

Mujer del lago Mogul, fuerte e independiente.

En realidad, no hay un prototipo estándar de mujer en todas las épocas y en todas las culturas, y en algunas, como la china tradicional, las mujeres campesinas eran tan rudas como los hombres, y vestían y se comportaban igual que ellos, trabajando la tierra codo a codo lo mismo que cocinando, lavando o atendiendo a los hijos, o bebiendo a la par y luchando físicamente contra los intrusos y los bandidos. Por descontado, en la China tradicional muchos pueblos eran del todo rurales, no había grandes ciudades cercanas, ni fama ni gloria, ni espectáculos, ni cantinas ni prostíbulos (como se los inventa Pearl S. Buck en su *Buena* tierra, pues la buena literata no se sabía siquiera el nombre de los dioses locales), y más intercambio en forma de trueque que con dinero, porque no había en qué ni cómo gastarlo.

Regiones como Camboya, Vietnam y Malasia eran muy ricas en recursos naturales, y hasta ellas viajaban las chinas y los chinos del norte con toda su familia en tiempos de sequías, de inundaciones o de las habituales guerras, para no morirse de hambre.

En resumen, que sociológicamente las mujeres han sido de muchas y diversas maneras, a veces por encima de los hombres, otras veces haciendo de receptoras, y no pocas veces en igualdad de condiciones.

El victorianismo de los últimos dos siglos y los cambios de paradigma político, como ya sucedió en la Atenas clásica y en el nacimiento y desarrollo del islamismo, las han sumido en la desventaja y las han encerrado en sus casas, pero no por eso han dejado de ser verdaderas guerreras de lo cotidiano.

Hoy en día sus luchas están enfocadas a tener los mismos privilegios que los hombres, que en realidad no son muchos para el grueso de la población masculina mundial, pues también se encuentran sometidos y esclavizados, y sin muchas posibilidades de salir de la miseria económica, cultural, educativa y espiritual, por lo que pueden estar en un error de enfoque, pero es su lucha y hay que respetarla.

No hay autoridad moral para argumentar que una cultura es mejor que la otra, por lo que colonizar el pensamiento ajeno siempre tiene sus defectos y puede revertirse en cualquier momento. La mujer occidental no es mejor ni peor que las mujeres de Asia, África o

Medio Oriente, y cada cual enfrenta sus propias luchas, acertadas o equivocadas, lo mejor que puede, porque aquello que las une realmente es ser unas luchadoras, unas guerreras, unas estrategas y, en algunos casos, al más puro estilo zen.

Las diferencias biológicas entre hembras y machos son claras, y no hace falta abundar en ellas, pero eso no le impide a ninguno de los géneros mantenerse en la lucha diaria y seguir el sendero del guerrero zen, porque la vida misma es una batalla constante que no perdona a nadie.

"La vida humana es mujer, y tan diversa, que no hay patrón ni esquema que la contenga".

PROVERBIO ZEN

VI

ALEJANDRO MAGNO, LA NOCIÓN DE IMPERIO
(EL SENDERO DE LA CONVICCIÓN)

A menudo, cuando crees
que lo tienes y lo sabes todo,
te das cuenta
que no tienes ni sabes nada.

YEY EHECATL YANCUIC CALI

¿Quién puede desprenderse del todo de su identidad?
¿Quién puede desprenderse del todo de su ego?
¿Quién es capaz de no llamarse a sí mismo yo?

En suma, ¿quién es capaz de no ser consciente de sí mismo?

No lo sé, pero puede haberlo, sobre todo cuando ya es muy maduro, muy sabio y muy viejo; sin embargo, el carácter personal empieza desde los primeros instantes tras el nacimiento, y el infante sabe que es él aunque no sepa nada más, y llora y ríe según sus apetencias, hambres o hasta sus más simples caprichos sin que nadie le enseñe a hacerlo.

El tan denostado ego es, entre muchas otras cosas, identidad personal, propia y grupal, motivación, fe y convencimiento, por lo que dominarlo, someterlo o desprenderse de él es prácticamente tan inútil como casi imposible, y durante la juventud parece aún más difícil, porque en la gente joven casi todo son hormonas y deseos de satisfacción, de reconocimiento y de encaje, de valentonadas y de rebeldías, de ser original y diferente, tanto como de pasar desapercibido o de llamar escandalosamente la atención, sin culpas ni conciencia moral, por lo que se puede abrazar cualquier tendencia, moda o idea, sicaria o guerrera, incluso las más nocivas y peligrosas, por mucho que se amenace al joven con castigos paternales, legales o divinos; por lo que es conveniente que su contexto sea lo menos conflictivo posible, ya que el conflicto (conseguir lo que desea y el enfrentamiento de voluntades) suelen ser su principal pasión.

Nada como una mente joven para abrazar apasionadamente la peor de las locuras sin la menor reflexión, lo mismo que las más elevadas doctrinas.

Alejandro Magno, el bello conquistador.

Juventud, divino tesoro, atrevida y arrojada, capaz de conquistar el mundo y hacer vibrar con tu palabra al conquistado, que no se duele de la derrota, sino que te alaba y te ensalza, ¡oh, Iskánder!, el bello Alejandro Magno.

Jerjes I llegó al poder con 32 años, más o menos, mientras que Alejandro de Macedonia lo logró con 20. Más joven era Atila cuando tocó a las puertas de Europa, 14 años solamente, por lo que se puede deducir que, mientras más joven se es, más apetece la guerra.

La diferencia es que Alejandro Magno crea en cierta manera lo que hoy entendemos como imperio, que consiste no solo en conquistar tierras y terrenos, ni en vencer ejércitos, sino en vencer y convencer a los propios vencidos, llevándoles lengua, cultura, moral, normas, tradiciones y creencias, que más tarde refinaron y ampliaron los romanos, aunque sin la popularidad y carisma del joven macedonio.

El poder del convencimiento

Tanto el oráculo de Delfos, en Grecia, como el oráculo de Amón, en Ziwa, Egipto, le revelaron a Alejandro Magno que él era una especie de mesías, grande, divino y luminoso, y Alejandro lo creyó, tanto y de tal manera, que se comportó como tal y conquistó con las armas y las palabras a todo pueblo desde Persia hasta Marruecos, llevando el espíritu del helenismo hasta el último rincón del mundo conocido.

Alejandro Magno había sido instruido por el mismo Aristóteles, con lo que el pensamiento en artes, ciencias y política se extendió y logró una aceptación nunca antes vista, desde las normas sociales hasta la observación de las estrellas, y desde la lógica hasta la teología; no fue una colonización forzada, sino una aceptación e integración al pensamiento de Aristóteles filtrado por el entusiasmo de Alejandro Magno.

Las primeras conquistadas fueron sus propias tropas, que se sintieron tan divinas como su monarca, y luchaban siempre convencidas de la victoria.

Tropas de Alejandro Magno, 33.500 soldados.

Sus generales eran excelsos guerreros y pensadores, ambiciosos y valientes, capaces de entender las estrategias de su carismático dirigente; sus soldados, 13.500 combatientes macedonios, 12 mil griegos del sur y 8 mil de origen balcánico, eran un principio un total de 33.500 hombres, a los que se fueron sumando muchos otros de los pueblos conquistados, convencidos por el liderazgo de Alejandro.

Luchar con ese ánimo y ese convencimiento las hacía prácticamente invencibles, pues no luchaban, como los atenienses (a los que derrotaron y se hicieron del poder en toda Grecia desde la humilde Macedonia), por el botín, ni como los espartanos, por orgullo o venganza, ni tampoco como los aqueménidas de Jerjes, por el desmedido afán de poder sobre el resto del mundo, sino motivados por un sentido más alto, el de hacer del mundo un lugar mejor, más elevado y más justo, y este convencimiento los llevaba casi siempre al triunfo.

Otra diferencia es que no sometían a los pueblos conquistados, ni abusaban de sus mujeres ni mataban a sus próximas generaciones, sino que los sumaban a su triunfo y los motivaban a ser mejores. Vencer y convencer era su lema, tanto porque así lo creían como porque de esa manera se evitaban venganzas y resquemores.

Los que morían en el campo de batalla eran respetados y se les daba la honra funeraria que merecían, en lugar de destazarlos y comerse sus vísceras, una práctica muy común en las guerras de aquel entonces.

Alejandro Magno conquistó en tiempo récord a Anatolia (la actual Turquía), Siria, Fenicia, Egipto, Mesopotamia, Persia, Afganistán e India. Los primeros cuatro años fueron los más productivos.

Todo empezó a los 20 años de edad y terminó a los 33, con once años de campaña casi permanente, y sendas etapas de descanso y asimilación de lo conseguido, con cuatro generales experimentados que lo respaldaban en todo: Casandro, Ptolomeo, Antígono y Seleuco, a los que nombró tempranamente sus sucesores por lo que pudiera pasar, y pasó: Alejandro Magno murió de manera fulminante en Babilonia a los 33 años de edad, camino de reforzar la conquista de la India dirigiéndose a lo que hoy en día es Pakistán.

Alejandro Magno en campaña militar.

Nadie sabe exactamente de qué murió o cuál fue la causa real de su muerte, ¿envenenado (lo clásico entre reyes), de malaria, de fiebre tifoidea, derrame cerebral, maldición profética, tratamiento médico, medicinas en mal estado, un antojo, autodestrucción, irreflexión, suicidio velado?

Ni idea, por eso cada quien se inventa lo que puede, incluso los grandes expertos, cuando lo cierto es que murió y que al muy poco tiempo su imperio se resquebrajó más que desaparecer o venirse abajo, porque sus cuatro generales favoritos se dividieron el pastel territorial y mantuvieron el espíritu de Alejandro Magno vivo y funcionando en las cuatro provincias, entre las que destaca Egipto, donde el general Ptolomeo se hizo con el reinado, fue nombrado faraón y fundó una dinastía que duraría más de cuatrocientos años, en la que Cleopatra sería la faraona más famosa de la historia.

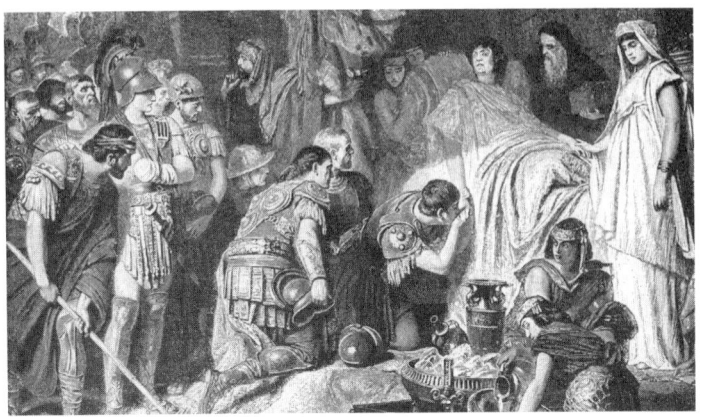

La muerte fulminante de Alejandro Magno.

LOS TRES DESEOS *POST MORTEM*

Cuenta la leyenda que Alejandro Magno se desvaneció entre sus tropas, y que comprendió de inmediato que le sobrevenía la muerte, por lo que llamó a sus generales y les dijo:

"Tengo tres deseos antes de partir al Hades:
Uno, que mi ataúd sea cargado por los mejores médicos.
Dos, que todos mis tesoros sean esparcidos a lo largo del camino hasta llegar a mi tumba.
Tres, que mis manos queden fuera del ataúd."

Tres deseos que no se sabe si se cumplieron, y tan crípticos como los vaticinios del oráculo de Delfos.

El primero puede ser un crítica a la medicina, que ya en su tiempo al médico se le consideraba a menudo un matasanos que te cobraba no para sanarte, sino para mantenerte enfermo o llevarte al sepulcro lavándose las manos por tu defunción; pero también puede ser una forma de decir, como Marco Aurelio, *memento mori*: "recuerda que vas a morir" hagas lo que hagas y seas quien seas.

El segundo, porque Alejandro Magno fue el mismo hasta el momento de su muerte, la generosidad y la afirmación de que todo lo que consigas en este mundo, en este mundo se queda, además de presumir sus logros personales y su fortuna: "nadie puede dar lo que no tiene".

El tercero, el más fúnebre y funerario de los tres, el que sus manos fueran visibles para certificar que él era el muerto, nadie más, y que su obra debía continuar después de su partida, para que no se perdiera lo adelantado.

Interpretaciones hay tantas como expertos, e incluso más; lo cierto es que Alejandro Magno dejó un legado de luchas, batallas y triunfos, con el colofón final de su temprana muerte, señalando que ninguna guerra es estéril si se logran los objetivos y se mantienen vivos los preceptos positivos que la promovieron.

Atrévete a hacer lo que deseas con toda el alma, el pensamiento, el espíritu y el corazón, nos diría Alejandro Magno como si fuera un sabio monje zen, porque hay muertes estériles a los cien años, y vidas eternas de solo 33 primaveras.

No todos viven aunque estén vivos, pero al final absolutamente todos mueren.

ALEJANDRÍA, BIBLIOTECA,
FARO Y LUZ DEL MUNDO

Uno de los legados más importantes de Alejandro Magno, además de su espíritu, que intentaron emular otros grandes (o pequeños) guerreros como Julio César, Marco Aurelio, Napoleón y hasta Hitler, fue la ciudad de Alejandría, fundada por él en el siglo IV antes de la era común, y donde se erigió el faro que daba entrada y salida al mundo de la cultura y el comercio, y la biblioteca donde se asentó todo el conocimiento humano creado hasta entonces.

El faro de Alejandría, luz del mundo.

Egipto, ya helenizado, tuvo un nuevo e increíble auge con Ptolomeo I, el general preferido de Alejandro, que mejoró y aumentó el legado cultural, comercial, científico y político de Alejandría. Ptolomeo II y Ptolomeo III lo siguieron mejorando y aumentando, pero con la llegada de los romanos, primero, y de los cristianos envalentonados por Teodosio, después, de la gran Alejandría apenas si quedó casi nada: algo de su faro (que se ha reconstruido varias veces), y poco o nada de su biblioteca, aunque hoy en día es una zona turística que atrae a miles de visitantes.

"La fe del convencimiento no solo mueve montañas, sino que conquista mentes, corazones, sueños y reinos."

PROVERBIO ZEN

VII

Julio César, el poder y la traición
(El sendero de la confianza)

*Dios mío,
cuídame de mis amigos,
que de mis enemigos
ya me cuido yo.*

REFRÁN POPULAR

Por mucho que se batalle, se triunfe y se venza a muchos enemigos, no siempre se consigue lo que en el fondo se desea, y así le pasó al "magnífico y presuntuoso Julio César, conquistador de tierras, mujeres y algún hombre", a decir de Suetonio.

No parece haber duda de que el más grande conquistador imperialista, al menos de toda la historia occidental, fue Julio César, aunque Gengis Khan no le andaba a la saga en cuanto a extensión de territorio.

Su camino de conquistas empezó en la política romana, pues no estaba de acuerdo con el sistema republicano y pensaba que debía haber un sistema gubernamental mejor y más eficiente, como el dictatorial, que hoy en día es tan criticado.

Cayo Julio César no nació en una familia rica, ni heredó ningún reinado, pero tampoco fue de extracción del todo humilde, sino de una clase media patricia, y toda familia patricia, aunque pobre, se suponía heredera de los fundadores de Roma, lo que les permitía a sus integrantes acceder a ciertos cargos públicos y ser parte de la élite romana, aunque en la zona baja, y con ello por lo menos su contexto y sus relaciones sociales estaban aseguradas, lo que aprovechó muy bien Julio César, que a los 16 años ya era parte del sistema gubernamental de Roma, algo así como un monaguillo, porque a pesar de ser una república, Roma era bastante teocrática como casi todos sus vecinos.

De su primer cargo, cuenta Suetonio en su *Vida de los césares*, salió huyendo por líos de faldas que lo enfrentaban con el poderoso Sila, un pretor, que juró matarlo por su atrevimiento, salvándose Julio César gracias a los parientes de su madre, patricios también, que lo mandaron al ejército para que se formara y se reformara gracias a la disciplina marcial, combatiendo en Asia como parte de su legión.

Julio César, de larga carrera.

Al morir Sila, Julio César volvió rápidamente a Roma, donde ejerció como abogado, pues tenía una buena formación sobre el Derecho Romano a la espera de volver a entrar en el funcionariado romano, lo que logró gracias a la muerte de Cayo Aurelio al dejar vacante el puesto de pontífice, una especie de papado muy anterior a la Iglesia católica, y no tan influyente, pero que lo conectaba directamente con los cónsules y el senado, lo más elevado entonces de la política romana.

Nada parecía presagiar que llegaría a lo más alto a pesar de conocer todas las virtudes y miserias de la política romana, pero él no cejó en su intento de seguir ascendiendo políticamente, aprovechando la democracia de la república que tanto despreciaba, pues a través del voto, y de la ayuda de los cónsules Craso y Pompeyo, logró postularse y ganar varios puestos en el Sur de Híspalis, como magistrado cuestor, edil curul (organizador de fiestas y espectáculos) y, finalmente, pretor urbano, lo que le permitía un magisterio mayor orientado tanto a la administración como a la guerra, y ahí empezó su fama de estratega después de una escaramuza contra las débiles tropas de los lusitanos.

Poco después, y otra vez gracias a Craso y Pompeyo, fue nombrado cónsul y luego procónsul en las tierras galas, con las que inició sus primeras campañas bélicas serias, obteniendo diversos triunfos sobre los rebeldes celtas, a los que no logró nunca vencer del todo (ni él ni todo el Imperio romano durante quinientos años).

Corrían entonces los años 50 antes de la era común, era que instauraría el propio Julio César con su particular calendario, que se sigue usando en algunos países del mundo a pesar de que desde 1482 fue suplido por el calendario gregoriano.

TRIUNVIRATO Y TRAICIÓN

Julio César formó un triunvirato de poder con sus aliados hasta entonces, Craso y Pompeyo, se hizo nombrar gobernador de la Galia, a la que había anexado a Roma sin haberla vencido del todo, pero teniendo en su poder al jefe galo Vercingetórix, que terminó siendo ejecutado mientras Julio César se peleaba con el senado y desobedecía órdenes.

Más de una vez Julio César se abstuvo de regresar a Roma a pesar de sus triunfos bélicos, porque temía ser prendido y encarcelado, y porque sabía que ya no contaba con el apoyo de Craso, que murió en una batalla, y medianamente con el de Pompeyo, que ya daba muestras de no estar seguro de apoyarlo.

Una de sus más famosas trasgresiones fue cruzar el Rubicón con la frase "la suerte está echada", y tomar poblaciones que estaban prohibidas, tanto por tradición y superstición como para no aumentar los asedios y disconformidades que sufría Roma en sus intentos de expansión. César para entonces había llegado hasta las Islas Británicas, África y Mesopotamia, ganando aliados y enemigos, pero haciendo el Imperio romano cada vez más grande.

Por lo tanto, a pesar de las desavenencias políticas con la administración romana, Julio César aumentaba su poder bélico y político, logrando incluso que el Senado lo nombrara dictador, con poderes especiales, por un lapso de diez años, aunque con todas las reticencias posibles pues veían que las intenciones de Julio César no se detendrían ahí.

Pompeyo finalmente se puso de lado del Senado, y poco más tarde se declararía la guerra civil.

César, mejor estratega que Pompeyo, ganó esa guerra, y el Senado no tuvo más remedio que recibirlo y pactar, pero sibilinamente, pues más que la república, lo que querían salvar era sus puestos, sus fortunas y su poder político.

Senado romano, al cúpula del poder.

Tras varios estira y afloja entre el Senado y Julio César, decidieron darle el título de rey, con el general Marco Antonio como segundo de abordo, pero a Julio César aún le parecía poco, pues quería ser emperador, amo y señor de todo el Imperio, y del Senado mismo, sobre todo ahora que Craso muerto ya no controlaba Grecia y Anatolia, ni Pompeyo gobernaba con sus legiones la cuenca mediterránea y sus diversos reinos más o menos independientes, como Judea y Egipto, que por adscritos que estuvieran a Roma seguían teniendo un gran poder.

César despreciando a Marco Antonio.

Marco Antonio nunca fue de su agrado, a pesar de que era un reputado general, por su cercanía y sumisión a los tribunos del Senado; lo veía hipócrita y falso, y peor le caería cuando se hizo amante de Cleopatra, y luego su esposo.

De hecho, a esas alturas, Julio César desconfiaba de todo el mundo, y solo sentía algo de confianza con Bruto, su hijastro y protegido.

LA GRAN CAMPAÑA Y LA TRAICIÓN

Para asegurarse el poder total, que ya tenía casi en las manos, pues todavía no había sido nombrado emperador, Julio César proyectó la campaña para invadir, conquistar y convertir en provincias romanas a Dacia (Rumanía) y Partia (Irán), que no se llevó a cabo a pesar de tener todo listo y preparado para partir en campaña una vez pasados los famosos "idus de marzo", es decir, después del día quince de marzo, pues ese mismo día, el 15 de marzo, tal como lo había predicho una hechicera y lo había advertido en sueños su tercera esposa legal, Calpurnia, los senadores en pleno Capitolio, en montón y a traición (incluido su entenado, Bruto), asesinaron de 23 puñaladas al gran general, escritor, político y estadista Cayo Julio César, un guerrero duro y constante, que empezó como monaguillo y venció todos los obstáculos hasta llegar a lo más alto del Imperio romano tras haber sido un gris, pero ambicioso funcionario, un general generoso y estratega excepcional, amado sinceramente por sus tropas, y un político de casta que sacó adelante leyes y reformas del derecho romano cuando aún no gozaba de gran poder en el Senado, para favorecer a los más débiles y mejorar las condiciones de los campesinos tanto como las de los ciudadanos; con un Marco Antonio que no hizo nada para defenderlo, pero que mostró su cadáver al público para que sus tropas lo incineraran y lloraran mientras el público lo aclamaba.

NADIE SABE PARA QUIÉN TRABAJA

Julio César no llegó a ser emperador de Roma ni a desbancar del todo a la república romana (con un enorme parecido a la Iglesia católica actual, según Thompson), pero le dejó el Imperio en bandeja a Octavio Augusto, que se convirtió en el primer César de Roma, título al que también aspiraba Marco Antonio desde Egipto y casado con Cleopatra, que lo animaba para conseguirlo, pero que también lo lastraba políticamente, tanto y de tal manera, que las legiones de Octavio Augusto dieron buena cuenta de él y de Cleopatra.

El nombre de Julio César se convirtió en título y, a partir de Octavio Augusto (César Augusto), todos los emperadores romanos fueron llamados césares.

Octavio Augusto ensalzó la figura de Julio César, y con todos los poderes en las manos convirtió en realidad muchas de las propuestas y leyes del finado, como el calendario, y además le dio a Roma una historia mítica, encargando a Virgilio la confección de *La Eneida*, y así conformar el Estado romano que duraría casi cinco siglos más, por lo menos.

"Roma nunca cayó", aseguran no pocos expertos en historia, y el legado guerrero y conquistador de Julio César sigue vigente, pero ya no con las armas sino con la religión católica, apostólica y, sobre todo, romana.

> *"Cuando no puedas ganar con las armas, aprende a luchar con la palabra y con el espíritu, porque el alma de la carne es más fuerte que la espada."*
>
> PROVERBIO ZEN

VIII

Marco Aurelio, la guerra inevitable (el sendero estoico)

> *Mis pensamientos*
> *son mi único fardo.*
> *Mis pensamientos determinan*
> *si soy libre y ligero,*
> *o pesado y preso.*
> Proverbio zen

La guerra, grande o pequeña, las batallas diarias y las batallas imperiales pueden ser más una responsabilidad que un plato de gusto, porque son inevitables y no hay manera de huir de ellas, por lo que hay que afrontarlas de una o de otra manera.

El famoso emperador Marco Aurelio tal vez estuvo preso de sus propias responsabilidades, obligaciones y pensamientos, algunos de ellos muy elevados, por cierto.

Por supuesto, bien pudo haber dicho que no y seguir otro camino, y no por eso haber dejado de ser todo un guerrero en la batalla de la vida; pero en fin, cada quien tiene su propio sendero.

Hace 1900 años Roma era un gran imperio, y la ciudad de Roma un hervidero urbano cosmopolita, con bares, restaurantes, publicidad, cantantes y artistas de moda, y también moda en el calzar y en el vestir, en los afeites, en el corte de pelo y en el maquillaje, con teatros y foros para el teatro y la música, y un circo romano donde se llevaban a cabo todo tipo de espectáculos, concursos y competencias deportivas, entre ellas las de los famosos gladiadores, los héroes de la arena de aquel entonces, como lo son hoy los boxeadores.

Marco Aurelio, el peso de la responsabilidad.

Exceptuando la electricidad y toda la tecnología que la ocupa, Roma era como cualquier estado occidental de hoy en día.

A cien años de la muerte de Julio César ya había libros y librerías, la mayoría de sus habitantes, sobre todo los ciudadanos romanos de pura cepa, sabían leer y escribir, pues la educación primaria era obligatoria, y se contaba con un apreciable sistema sociosanitario que atendía a los enfermos, los ancianos y los marginados.

El Estado repartía una vez por semana trigo, pan y otros bienes a las personas menos favorecidas, para que en Roma nadie pasara hambre. El censo era escrupuloso y las leyes, el derecho romano, se aplicaban rigurosamente.

El ejército y la marina eran profesionales, con formación continua y de lo más eficientes, garantizando la *Pax Romana* dentro de las fronteras.

La religión oficial era la romana, con base en la mitología griega y fuentes etruscas y sabinas, es decir, propias de la región, y otras venidas de más lejos, como el mazdeísmo, el mitraísmo, el judaísmo y, por supuesto, el incipiente cristianismo, entre muchas otras, con sus propios centros de culto y hasta templos, como el de Mitra, tolerados tras el correspondiente tributo impuesto por las autoridades romanas.

Contaban con los problemas de toda gran urbe y de todo gran imperio: hacinamiento, suciedad, marginalidad, pobreza, corrupción y criminalidad, pero el grueso de la población gozaba de un muy aceptable nivel de vida, incluso muchos esclavos de buena familia que servían a senadores, patricios y ricos comerciantes, pues tenían un buen salario, buena comida, buen trato por parte de sus dueños y amos, techo, vestido y, sobre todo, prestigio y protección, e incluso vacaciones anuales, por lo que muchos de ellos huían de ser libertos y animaban a sus conocidos, parientes y paisanos a que buscaran laborar como esclavos en alguna casa patricia.

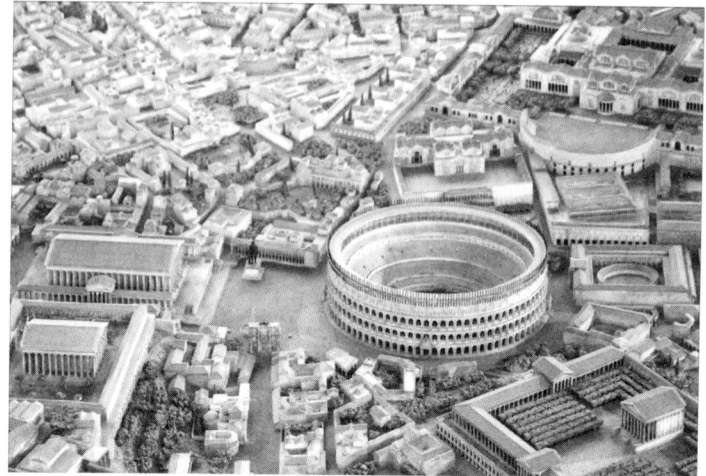

Modelo de Roma en el siglo II de la era común.

Había libertos romanos, ciudadanos comunes, que se vendían como esclavos tanto para pagar deudas como para incrementar el propio patrimonio.

Todos los caminos del mundo conocido conducían a Roma, ciertamente, y las carreteras, canales y construcciones de aquel tiempo aún permanecen enhiestas en nuestros días.

Dominaban la minería, la ganadería, la pesca y la agricultura en toda la cuenca mediterránea, por lo que tanto el trabajo como el comercio y la productividad eran de lo más eficientes.

No había las restricciones fronterizas que tenemos ahora, por lo que muchos migrantes llegaban a Roma en busca del "sueño romano", ya fuera como artesanos, profesionistas, artistas o esclavos, esperando tener una mejor vida que la que tenían en sus tierras natales.

Los césares, incluso los de peor fama histórica, eran personas instruidas en las artes y en las ciencias (incluso Nerón y Calígula), en el ejercicio físico y en las armas, por lo que todos ellos sabían tocar un instrumento, escribir poesía, dos o tres idiomas, manejar la espada, montar a caballo, dirigir una cuadriga, estrategias de mando y guerra, sistemas de administración y liderazgo, leyes y jurisprudencias, así como descifrar las estrellas y conocer de arquitectura e ingeniería.

Nerva, Trajano, Adriano, Antonino Pío y, por supuesto, Marco Aurelio, fueron los cinco grandes emperadores de Roma, que durante casi dos siglos lograron la famosa paz romana en el mundo conocido de aquel entonces, unificando creencias, lengua, educación, salud y economía dentro de sus fronteras, que eran muy amplias y a menudo asediadas, dándole al Imperio una estabilidad nunca vista hasta entonces, y que no se ha vuelto a repetir, gracias a la calidad moral e intelectual de estos cinco gobernantes, y a la aceptación que tuvieron por parte de sus tropas, de sus funcionarios y de su pueblo.

Esa calidad moral e intelectual se debía, en buena medida, a su formación helenística, deudora a su vez del oriente lux (la luz que viene de Oriente), y a que en lugar de elegir a un descendiente directo para gobernar Roma, se eligió a los mejores de la familia antonina, por sus cualidades y sus virtudes, y no solo por ser hijos del emperador anterior, rompiendo así con las clásicas dinastías en favor de una democracia elitista, lo que tuvo muy buenos resultados.

Bajo la mirada de estos cinco césares había el convencimiento de que el mundo al estilo romano era el mejor de los mundos posibles para toda la humanidad, una especie de utopía hecha realidad desde el Norte de África hasta las Islas Británicas, el centro de Europa y buena parte de Medio Oriente, donde no había hambre, la educación primaria era obligatoria, el cuidado de los enfermos estaba asegurado, las instituciones estaban protegidas y la estabilidad familiar garantizada. Nada de los excesos y excentricidades de césares como Calígula o Nerón, ni de las bacanales habituales entre el patriarcado, con una esclavitud muy similar a muchos empleos actuales, y una libertad legal y social para las mujeres, al ser ciudadanas de pleno derecho, lo que no se había logrado ni siquiera en la adelantada Atenas.

La expansión y las conquistas romanas no eran solo a sangre y fuego, sino a través de la vía diplomática, sumando poblaciones debilitadas, o amigas, al gran Imperio romano, regresándoles el esplendor que alguna vez habían tenido, como es el caso del sur de España en la zona Bética, colonizada por la familia de los Antoninos, a la cual pertenecía Marco Aurelio.

Sí, Híspalis era muy romana, lo mismo que Mauritania, limpia, adelantada, educada, próspera, productiva y con poder político y militar dentro del Imperio, tanto, que parecía haber renacido el misterioso reino de los tartesos.

No todo era un camino de rosas, pues en las fronteras orientales y centroeuropeas había una fuerte resistencia al progreso romano, y los pueblos germanos, celtas y amorreos atacaban frecuentemente las posiciones romanas para defender su propio territorio y forma tradicional de vida, aunque este fuera poco civilizado y con diversos problemas de salud, algo que comprendieron tanto Julio César como Marco Aurelio, sin cejar por ello en su intención de mejorar al mundo entero.

Detalle del Pilar de Marco Aurelio.

El norte de África era menos conflictivo, pero geográficamente era todo un desafío, pues hacia el sur y el oeste se encontraban el desierto y la selva, y los romanos sabían muy bien que no se puede luchar contra los elementos ni contra la naturaleza.

"Las cosas son como son y hay que adaptarse a ellas cuando es obvio que no las puedes transformar a tu parecer", meditaba Marco Aurelio, consciente de los límites del hombre, "pero lucha intensamente por mejorar aquellas que sí están a tu alcance", consciente también de sus posibilidades, virtudes y facultades.

LA DESIGNACIÓN

Marco Aurelio, el niño favorito del emperador Adriano, se formó en esta Roma extensa y triunfante, y así la mantuvo durante los 19 años que duró al frente del Imperio, con la mente elevada y meditando, y los pies bien firmes en el suelo.

Hijo de Marco Annio Vero y de Domicia Lucila, del alto linaje de los Antoninos, en el 121 de nuestra era nace Marco Aurelio (Marcus Annius Catilius Severus), quien quedó huérfano de padre a los tres años de edad, siendo adoptado más tarde por el cónsul, y próximo emperador, Antonino Pío, a instancias de Adriano, emperador de Roma por aquel entonces. Cuando Antonino Pío ascendió al trono, llevó consigo a Marco Aurelio como cónsul y consejero, dándole tantos poderes como sus capacidades requerían, y un poco más tarde el título de César, para que Marco Aurelio gobernara Roma tras la muerte de Antonino.

LAS BASES

Desde muy temprano su madre, Domicia Lucila, apostó por una educación helenística para el niño Marco Aurelio: en griego y con los valores y sabiduría de los grandes pensadores helenos, como Sócrates y Zenón, en la escuela El Pórtico, creada por Séneca en honor a Zenón, una prerrogativa de la que solo gozaban los patriarcas, ya que el resto de los romanos eran educados e instruidos en latín.

Marco Aurelio sobresalió en sus estudios, y ya muy joven se comportaba con una honestidad y madurez que sorprendió a propios y extraños. Veríssimus le llamaba el mismo Adriano, al ver que Marco Aurelio podía equivocarse, pero no mentir ni justificar la equivocación o enfadarse, como suelen hacer los adolescentes para cubrir sus faltas.

"El ser humano debe hacerse cargo de sus propios actos", era la enseñanza de Zenón en palabras de Séneca.

"Si se puede enmendar un error, se enmienda, y si no, se prepara uno mejor para la próxima contienda, pero el error nunca se niega", decía el infante Marco Aurelio, dando muestras de una sabiduría poco usual entre jóvenes, maduros y viejos, por lo que Adriano lo vio como el próximo emperador de Roma desde su más tierna juventud, y por eso lo hizo hijo adoptivo de Antonino Pío, su sucesor inmediato, haciéndole prometer que legaría el trono de Roma a Marco Aurelio llegado el momento, y Antonino Pío aceptó con gusto, pues también veía en Marco Aurelio el prospecto de César que necesitaba el Imperio. Tanto era así, que lo casó con su hija, Faustina la Menor, en el 145, un matrimonio feliz que duró treinta años y del que nacieron 13 hijos, de los cuales solo le sobrevivieron 5, un varón (Cómodo) y cuatro mujeres.

En aquel entonces, que murieran ocho hijos era una cifra aceptable (algunos de ellos no llegaron a ver a su padre emperador), y que la madre sobreviviera a tantos partos era una verdadera proeza, porque lo normal era que muriera en alguno de ellos.

La muerte frustró el primer posible matrimonio de Marco Aurelio, al fallecer el que iba a ser su suegro, quedando libre del compromiso para pasar a formar parte de la familia de los Antoninos por partida doble.

En el 175 de nuestra era, Marco Aurelio queda viudo y se aferra al afecto de su único hijo varón hasta el día de su muerte, tanto es así, que lo nombra su heredero al trono a pesar de que Cómodo no era el mejor dotado para el puesto.

No es raro, por tanto, que la muerte haya sido una de las figuras centrales de sus *Meditaciones*.

"A menudo es más fácil aceptar la muerte propia que la muerte ajena, que nos llena de ausencia y de dolor, pero es una obligación moral mantener el control de las emociones".

Marco Aurelio murió a los 58 años de edad, poco antes de cumplir los 59, durante la famosa *pandemia de los Antoninos*, tras una vida que no escogió vivir, pues la consideró un imponderable del destino, aunque harto plena en muchos sentidos, más amante de la poesía y la reflexión escrita que de la guerra y del poder, o de los placeres y los excesos que debido a su posición de emperador se le ofrecían constantemente.

MARCO AURELIO, EMPERADOR

"Se puede ser humilde en palacio", aseguraba Marco Aurelio, un hombre recto, honorable y sincero, que cumplía escrupulosamente con su palabra y con el objetivo encomendado, algo muy raro en su tiempo y en el nuestro, sobre todo entre las personas que ostentan altos cargos.

En este caso es muy difícil separar al hombre del gobernante, porque Marco Aurelio era una persona de un solo eje y no cambió su forma de ser, de sentir y de pensar cuando fue coronado como emperador de Roma.

A los diecisiete años fue adoptado legalmente por Antonino Pío, el sucesor en el trono de Adriano, quien además adoptó a Lucio Vero, que pasó a ser su hermano adoptivo y con el que compartió la formación necesaria para gobernar el imperio.

Lucio Vero, hermanastro de Marco Aurelio.

Ambos practicaron las estrategias militares, los pensamientos de los elevados filósofos griegos, la instrucción en las armas, la monta de caballo y la lucha cuerpo a cuerpo, y en estas artes Marco Aurelio vio que Lucio Vero lo superaba, pues tenía un carácter más aguerrido y guerrero.

A Marco Aurelio se le daba mejor la administración, el cálculo, el orden social y las cuestiones diplomáticas que los pleitos. Por tanto, cuando en el 161 muere Antonino Pío y lo nombran emperador, se niega a aceptar el cargo a menos que su hermano Lucio Vero lo acompañase en el poder. No era la primera vez que Roma contaba con dos césares, y su propuesta fue muy bien acogida por el senado.

Durante varios años Marco Aurelio se encargó de la administración y legislación de Roma, mientras Lucio Vero se encargaba del ejército y, por supuesto, de las guerras y de combatir en ellas.

Marco Aurelio creó leyes en defensa de las viudas y los huérfanos, en favor de los esclavos y sus condiciones de trabajo, en la mejora de la educación y en la protección de la infancia. Además, su forma de vida era un ejemplo para los romanos, ya que vivía de manera sencilla, sin lujos, excesos ni orgías o grandes bacanales, a pesar de ser el emperador y tener la posibilidad de hacerlo sin que nadie se lo reprochara.

No abusó de su poder, ni dictó leyes convenencieras a su favor, ni se enriqueció personalmente, y tampoco tuvo una vida secreta disoluta.

Tuvo la suerte de escapar de las "garras" de Seutonio, a la sazón biógrafo de Trajano y de Adriano, y un historiador al que le gustaba destapar los excesos y las intimidades de los gobernantes, tanto porque Seutonio ya había muerto y sus sucesores (Mario Máximo, la prensa del corazón de entonces) no tenían nada que reprocharle a Marco Aurelio.

Al morir Lucio Vero, en batalla según algunos, o infectado, según otros, en el 167 o en el 168, Marco Aurelio no tuvo más remedio que hacerse cargo de las legiones romanas, atendiendo la guerra *in situ*, como era la costumbre de los grandes césares, y no desde un cómodo diván, aunque bien pudo hacerlo, pero desconfiaba de la lealtad de los principales generales, que en el pasado ya habían asesinado o depuesto a uno que otro César, que se habían levantado en armas, o bien que habían sido detenidos y ejecutados cruelmente, como hizo Calígula con sus generales ante la más mínima sospecha de levantamiento o rebelión, y Marco Aurelio no quería llegar a esos extremos.

Fue sincero y leal con la tropa, lo mismo que lo había sido con los cónsules y con el pueblo de Roma, no hizo promesas que no podía cumplir ni favoreció de más a unos pocos en detrimento de muchos. La sinceridad y la honradez eran sus divisas, y con ellas se ganó el respeto de las legiones que en un principio pudieron dudar de sus capacidades castrenses.

No le gustaba la guerra, y así lo manifestaba sin ambages, pero también sabía que era su deber defender a Roma, proteger sus fronteras e incrementar el territorio y el poder del Imperio, mejorando la moral y la educación de los pueblos adscritos o conquistados. Para Marco Aurelio, un mundo civilizado era mejor que un mundo bárbaro sin moral ni educación, sobre todo para los más débiles, para las mujeres y para los niños, donde el honor, el control de las pasiones, la verdad y la razón, y, sobre todo, la consciencia de ser y saberse ser humano, reinaran sobre el salvajismo animal incontrolado y supeditado solo al cruel poder de los más fuertes. Prefería la división de los "más honorables" y los "menos honorables", pero ambos civilizados y sujetos a unas mismas leyes y ordenanzas, que a la ley de la selva.

EL CRASO ERROR

Cuentan que su único error fue aferrarse a la idea de que su hijo Cómodo podía ser un buen sucesor a la corona del Imperio romano, ya que desde la muerte de Lucio Vero lo tomó como asesor y consejero, dándole el título de César sin que Cómodo realmente lo mereciera, volviendo así al nepotismo de otras épocas y no a la elección del mejor para asumir el cargo.

Cómodo, por supuesto, había recibido la instrucción militar y académica que correspondía a su clase y a su jerarquía como hijo del emperador. Y aunque nunca se destacó para bien del resto de sus compañeros, Marco Aurelio cerró los ojos a esa verdad y realidad palpables: Cómodo era neurótico, impulsivo, grosero, vanidoso, autocomplaciente e inseguro de sí mismo.

A pesar de todo, en el 180 de nuestra era y tras la muerte de Marco Aurelio, Cómodo fue nombrado emperador de Roma, cargo que desempeñó hasta el 192, a la usanza de viejos césares, con todos los miedos, paranoias y excesos habidos y por haber, sin acordarse ni por un momento de quién había sido su padre: imponderables del destino.

**La designación de Cómodo,
el gran error de Marco Aurelio.**

LAS ÚLTIMAS BATALLAS

En el 170 y en plena campaña militar contra los bárbaros que asediaban las fronteras romanas por el Danubio, Marco Aurelio escribe sus *Meditaciones* con base en la filosofía estoica de Zenón de Citio, Séneca y, sobre todo, Epicteto, sus referentes académicos, reflejando sus pensamientos más profundos.

La idea sobre las divinidades era muy distinta a la que se tiene en el mundo judeocristiano hoy en día, y la guerra tampoco era lo que hoy conocemos como conflicto armado, porque en aquel entonces para muchos pueblos la guerra era una forma de vida, y el estoicismo tampoco era exactamente el original de Zenón de Citio, porque había pasado por las manos y escuelas de Séneca, Epicuro, Platón, Aristóteles y Sócrates, entre otros, y era en cierta forma una buena teoría muy deseable, pero difícilmente practicable para mucha gente que prefería el hedonismo y la comodidad epicúrea a la disciplina estoica, cediendo ante cualquier líder con tal de no asumir responsabilidad alguna ni pensar demasiado, algo que sí sucede en nuestro tiempo actual.

"Que todo cambie para que todo siga igual", diría Walter Benjamin, lo mismo que Aristóteles y alguno más.

Para nuestros ojos, pensamientos y creencias de hoy en día, el estoicismo de Marco Aurelio es más o menos atractivo, y a menudo hasta deseable, pero casi imposible en la práctica de la ataraxia o control de las emociones que propone, porque por gracia o por desgracia los seres humanos somos especialmente emocionales y se nos puede sacar de nuestras casillas muy fácilmente. Somos reos de nuestra formación, entorno social y de nuestros prejuicios y creencias, por certeras o absurdas que estas sean.

Marco Aurelio, ¿monje zen?

Por supuesto, hay mucho en común con las escuelas orientales del tao, el zen y el budismo (y con el primer cristianismo), sobre todo en lo que respecta a superar los apegos y vivir de manera consciente el hoy, o eterno presente, porque ni el pasado ni el futuro existen en realidad, y quizá en ese pasado que ya no existe hubo acercamiento, conocimiento y difusión entre las culturas antiguas, llegando entre ellas a filosofías vitales muy parecidas sin necesidad de que unas fueran copia de las otras.

Meditar, reflexionar, abstraerse, pensar, analizar, cuestionar, criticar, centrar la mente en el interior, superar las presiones y las ilusiones externas antes de reaccionar, presuponer o prejuzgar no es tarea fácil, pero sí muy recomendable para todos y cada uno de los seres humanos, ricos o pobres, líderes o gregarios, poderosos o menesterosos, porque de esa manera nos ahorraríamos muchos conflictos, guerras, sufrimientos, depresiones, frustraciones y crímenes.

El momento de las Meditaciones

Marco Aurelio, en medio de una campaña militar cruenta y difícil, fue capaz de sentarse, pensar, reflexionar y escribir sus meditaciones, que casi dos mil años después llegan hasta nosotros con plena vigencia.

¿Sobre qué medita Marco Aurelio?

1. Sobre la vida, y se pregunta en qué consiste este

breve e insondable misterio entre una eternidad anterior y otra eternidad posterior.

2. Sobre la muerte, inevitable siempre y común para todos los seres vivos, y sin trascendencia.

3. Sobre el eterno hoy, donde el pasado ya no importa porque quedó atrás, y el futuro aún no existe.

4. Sobre la templanza o la contención de las emociones, las pasiones y las tentaciones, algo necesario para no tomar decisiones equivocadas ni caer en chantajes emocionales.

5. Sobre la realidad, la razón y la verdad, que deben desbancar a las ilusiones, las expectativas, las esperanzas y las mentiras.

6. Sobre la naturaleza, tanto la externa como la interna, ya que cada quien debe actuar con respeto a su propia naturaleza y respetar a la naturaleza, que es la base del cosmos o la divinidad misma.

7. Sobre el desapego, para deshacerse de las ambiciones, los sueños de poder y de riqueza, que no dan la felicidad ni dan la tranquilidad, sino que aumentan las responsabilidades. Vivir con lo esencial es más satisfactorio.

8. Sobre lo imponderable y la falta de libertad ante los designios del destino o de los dioses, que es lo mismo que los avatares de la vida, de la cuna de nacimiento y del entorno, lo que deja muy pocas posibilidades de elección en muchos casos.

9. Sobre el ser interior, al que se debe de atender en lugar de fijarse en el ser exterior, pues el ser exterior se debe a los demás y nunca puede satisfacerlos. Lo que digan los demás es lo de menos. La autocrítica positiva que nos lleva a un verdadero cambio y mejoría debe pri-

var sobre la crítica exterior, que no mejora nada y solo hiere a la vanidad y al ego.

10. Sobre el conflicto, los pleitos, las luchas, las guerras y las discusiones estériles que nunca sirven para nada y en las que nunca se logra ningún acuerdo, y solo enferman el alma y destruyen al cuerpo.

11. Sobre la paz, la tranquilidad y la armonía, el descanso merecido, la recompensa a los sentidos, la belleza y el afecto, el respeto y el cariño, muy por encima del amor pasional y los deseos insatisfechos.

12. Sobre la fama y la gloria, espejismos que tarde o temprano se han de borrar y caer en el más profundo de los olvidos. Quien es adorado hoy puede ser perfectamente repudiado el día de mañana, por lo que es más sano el respeto y la consideración de uno mismo por sí mismo, en el día o en la noche de hoy, no en la de ayer ni en la de mañana.

13. Sobre la felicidad, no como meta o lugar, ni como un contento o alegría puntual o pasajera, sino como una forma de ser, de estar y de caminar por el milagro de la vida, disfrutando cada instante de ella, siendo la mejor versión de uno mismo, no entregándose a las pasiones y renunciando al materialismo superfluo (triángulo de la felicidad de Zenón de Citio).

Los consejos que da a través de sus *Meditaciones* son más para él mismo que para los demás, pues se encuentra en un momento difícil de su vida, en guerra, viudo, solo y con un futuro incierto, por lo que no es extraño que tengan un tinte de fatalismo y mucho de lucidez y realidad.

Si te encuentras en un momento difícil, reflexiona, medita, no actúes de manera irreflexiva y precipitadamente.

Y si te encuentras en un momento plácido, reflexiona, medita, no permanezcas en la molicie y el autocomplacimiento.

Tomar decisiones en un momento de pasión, ira, enamoramiento, hambre o dolor puede conducir a verdaderos dramas y conflictos difíciles de superar, incluso a crímenes o accidentes terribles.

Cerrar los ojos, dar la espalda a la realidad o esconder la cabeza cuando es necesario actuar también puede tener funestas consecuencias, porque tanto la negligencia como la pereza son un abismo que lleva al fracaso.

Marco Aurelio no era un místico ni pretendía serlo, y tampoco se consideraba a sí mismo un filósofo, porque tenía muy claro quién era y cuál era su deber: un gobernante que se debía a Roma y al pueblo romano, y eso era lo que hacía porque era lo que sabía hacer.

No lo había escogido personalmente, pero lo había aceptado de buen grado. "Hagas lo que hagas, hazlo con agrado y de la mejor manera posible, porque ese es uno de los caminos de la felicidad."

Su formación helenística estaba llena de filosofía, es decir, de amor a la sabiduría, del deseo de saber y conocer, y de la búsqueda de la verdad. Predicar no era suficiente, había que actuar dando ejemplo, y Marco Aurelio fue un ejemplo para los suyos y para su pueblo. *Veríssimo* desde niño, se mantuvo honrado y verdadero durante toda su vida, y fruto de ello son los textos de sus *Meditaciones*.

El manuscrito original se perdió hace mucho tiempo, y una copia del mismo se encuentra actualmente en el Museo del Vaticano. Sus ediciones modernas datan del siglo XVI (1559, impresas por Andreas Gesner en Zúrich), y hoy en día es todo un clásico que invita siempre a la reflexión, y que cada quien interpreta a su manera, pero sin dejar de identificarse con los misterios que acompañan a la humanidad desde su nacimiento.

LOS DIFÍCILES CRISTIANOS

Una de las críticas que más frecuentemente se le hace a Marco Aurelio fue su actitud poco amigable ante los cristianos, sin sospechar que cuatro siglos más tarde se apropiarían de muchas de sus frases (meditaciones), poniéndolas en boca de santos, mártires y Cristo mismo.

**Los cristianos romanos,
de perseguidos a perseguidores.**

Marco Aurelio, a pesar de algunas traducciones e interpretaciones de su obra, no era en absoluto monoteísta, lo más cercano a esta idea para él era el Cosmos, o el orden universal que atañe tanto a los seres vivos como al planeta Tierra, su naturaleza y las estrellas.

Para el resto están los dioses de la mitología romana, que juegan un papel importante en el destino de los hombres (si no como seres reales sí como íconos o como símbolos), los cuales tienen muy pocas posibilidades reales de elección a lo largo y ancho de su vida.

MARCO AURELIO Y LA BATALLA DE LO SOCIAL

Nadie escoge dónde y cuándo nacer, es la fortuna que se encarga de este tema, y quien nace en alta cuna, como él, dentro de la familia de los Antoninos, tiene más posibilidades de ser rico, poderoso o hasta César, aunque no elija personalmente ese camino, sino que se encuentra dentro de él y lo sigue de la mejor manera posible, como hizo el propio Marco Aurelio, pues de haber nacido campesino hubiera tenido muy pocas posibilidades de llegar tan lejos.

Las enfermedades tampoco se escogen, pueden sorprender a cualquiera y degradarlo o matarlo por mucho que se cuide y proteja, como le sucedió a Lucio Vero y al mismo Marco Aurelio. Por supuesto que llevar una vida sana es mejor y de mayor calidad que llevar una vida malsana y llena de vicios, pero tanto el sano como el vicioso están expuestos a una epidemia como la *epidemia Antonina*.

El amor y emparejamiento en nuestros días tiene algo de elegibilidad, pero en los tiempos de Marco Aurelio los enamoramientos y las pasiones estaban con la plebe o fuera del matrimonio, con las y los amantes, y con las prostitutas y prostitutos, en una poligamia masculina abierta y una poliandra femenina encubierta, pero no en el matrimonio.

Su casamiento con Faustina la Menor fue un matrimonio pactado, como debía de ser, con una mujer de su clase y de su familia, y no una aventura romántica en una bacanal o en una orgía, a la que amó y respetó como compañera y madre de sus trece hijos.

Marco Aurelio era un hombre probo y sano, inteligente y sensible, civilizado y con deseos de mantener y hacer crecer un mundo mejor para todos como lo era el romano, pero no le gustaban ni atraían los primeros cristianos, que en su época eran en su mayoría judíos, con unos cuantos gentiles, instalados como lumpen en las catacumbas de Roma, que no respetaban la religión romana ni las costumbres civilizadas del Imperio.

Los judíos "decentes", cristianos o no, pagaban un tributo especial al Estado para poder profesar su religión, y vivían de su trabajo y de sus dotes, como la gente normal, común y corriente de Roma; pero había los que no querían o no podían pagar dicho impuesto, ya fuera porque vivían al margen de la ley o porque eran de plano indigentes y carecían de medios para hacerlo.

Esos primeros cristianos malvivían en las catacumbas, echando de sus nichos a los huesos de los muertos romanos para ocuparlos como dormitorio; también enterraban ahí mismo a sus propios difuntos, lo que estaba prohibido, porque los extranjeros y herejes debían enterrar a sus difuntos en las afueras de las ciudades, y no en "tierra santa romana".

Se comían los caballos de las postas, una verdadera blasfemia, robaban lo que podían, mendigaban a la salida de los templos, ensuciaban las calles, sus hijos no iban a la escuela, practicaban la prostitución, acaparaban el trigo que el Estado daba a los pobres semanalmente, no pagaban impuestos, eran malos esclavos y, encima, se burlaban de los dioses de otros credos, romanos o no, asegurando que su dios era el único y el verdadero.

No todos los primeros cristianos eran de lo peor, e incluso algunos empezaron a tomar su religión en serio, organizándose, pagando impuestos al Estado romano y con un proselitismo efectivo entre los esclavos y entre las matronas, porque su discurso era populista, humanista y fresco, como el mitraísmo, algo novedoso para aquellas épocas, con una que otra reflexión muy parecida a las *Meditaciones* de Marco Aurelio.

Por eso, en una batida que se hizo contra los cristianos menesterosos, cuando le preguntaron a Marco Aurelio qué se hacía con ellos, el emperador ordenó que solo mataran a los necios, o a todos aquellos que no renegaran de su fe, la cual no era solamente religiosa sino una forma marginal de vida en las ciudades romanas, y sus soldados así lo hicieron, como algunos siglos más tarde los cristianos harían contra los infieles que no aceptaban el catolicismo, y es que doscientos o trescientos años después la misma Roma adoptaría el cristianismo como propio y crearía a partir del cristianismo a la Iglesia católica, apostólica y romana, haciéndola de obligado cumplimiento, añadiendo algunas de las reflexiones de Marco Aurelio como si fueran parábolas cristianas, sobre todo las referentes a la pobreza y a la resignación con la vida que había tocado en suerte, que eran las más funcionales socialmente para el mantenimiento del poder, y las que más se identificaban con el pueblo, porque el emperador gobierna, pero el pueblo demanda y manda.

"Total, nadie sabe finalmente quién es su amo y dueño, ni cuál será el destino de las obras que está haciendo en este momento", meditó Marco Aurelio al respecto.

Un gran guerrero casi zen, sin duda, con solo un par de posibles errores en su vida: haber aceptado ser emperador de Roma, y haber designado a su hijo Cómodo como su sucesor y César de todo el Imperio. Su sendero quizá no fue perfecto, pero sí excepcionalmente correcto.

"No hay realmente ningún ser humano que sea superior a otro, por famoso y ponderado que sea, porque sin máscaras ni adornos ambos son igualmente animales."

PROVERBIO ZEN

IX
CARLOMAGNO, LA EXTENSIÓN DE ROMA
(EL SENDERO DEL PRERRENACIMIENTO)

La identidad es como
una máscara o un disfraz,
del todo intercambiable,
pero dolorosamente importante.
GEORGE ORWELL

El sendero del guerrero no siempre es recto y directo, sino que da muchas vueltas y ha de superar muchos obstáculos, incluso ser caprichoso y contradictorio, como si estuviera fuera de lugar aunque finalmente llegue a su destino y pase de generación en generación, como una revancha de lo no logrado hace siglos.

"Roma bien vale una conversión": Carlomagno.

Tanto que luchó Roma por vencer a los pueblos bárbaros germanos sin conseguirlo nunca del todo, para que al final fueran los pueblos bárbaros los que se quedaran con el nombre de Imperio romano, aunque germánico, con los estados pontificios y con la sede de la Iglesia católica, apostólica y romana, el Vaticano, durante casi mil años, conocido como el Imperio carolingio, o de Carlomagno.

Cuando en el siglo V de la era común, la poderosa Roma se fraccionó en diversas provincias y reinos por todo el mundo conocido, el Imperio romano realmente no cayó ni desapareció, simplemente cambió de orientación política y comercial.

El negocio seguía siendo el mismo: mantener una unidad a través de la lengua, la cultura y las creencias religiosas, para con ello continuar con la invasión y la colonización del mundo entero, de norte a sur y de oriente a occidente.

El Imperio romano de Oriente duró un poco más que el de Occidente, pero también dio paso a la religión como cemento de unidad, para separarse nuevamente de Occidente en el siglo XII, mientras el islam se iba asentando y disputándole territorios con el señuelo de las creencias redentoras y salvadoras, ofreciendo un paraíso más lúdico a sus clientes: 72 huríes para cada creyente que muriera defendiendo el islam, en lugar de las 4 mujeres que se le permitía tener en la Tierra a cada fiel, siempre que pudiera mantenerlas.

El judaísmo, de capa caída, logró mantenerse con vida gracias a la misma técnica de hacerle creer a la gente que eran algo especial y que su dios los había elegido y los amaba, prometiéndoles el dominio de todo el mundo algún día.

Aunque hoy no lo parezca, el catolicismo era el más restrictivo y pacato, de obligado cumplimiento so pena de excomulgación e incluso de muerte y sin posibilidad alguna de ir al paraíso celestial.

El judaísmo, sin ser especialmente laxo (a pesar de lo que diga Max Weber), no perseguía ciertos pecados, sobre todo a nivel comercial, como la usura, la práctica de la prostitución y el proxenetismo.

Mientras que el islam era el culto más refinado y abierto, aunque para la moral occidental de hoy le parezca del todo intolerable que las niñas se casen a los seis o siete años o que las mujeres hagan su vida casi exclusivamente en casa.

Teodosio el Grande.

La moral ateniense era muy parecida a la moral islámica, lo mismo que la moral romana en los principios del catolicismo, mientras que los germanos, los godos y los celtas, por ejemplo, eran un dechado de libertad.

Lo curioso es que a los germanos y a los godos, no a los celtas, les sedujo el catolicismo casi de inmediato, sobre todo la figura del mesías y su capacidad de lograr adeptos entre el vulgo, aunque no lo consideraban "hijo de dios", porque entendían que en una religión monoteísta dios solo puede haber uno, y ni siquiera podían aceptar la idea de un espíritu santo.

PRIMERO LOS GODOS

Godos, ostrogodos y visigodos eran prácticamente lo mismo, solo que asentados en diferentes territorios, con una Gala Placidia capaz de unir y desunir, pactar y romper pactos entre godos y cristianos, primero casándose en Italia con Teodosio II, hijo de Teodosio el Grande (el último César, e instaurador del catolicismo como única religión en todo el Imperio romano, es decir, en todo el mundo a pesar de la separación de las provincias y el desgajamiento del aparato administrativo romano), y traicionándole después para irse a refugiar a España.

De una u otra manera los godos fueron los primeros en usurpar el trono romano y hacerse con varias de sus provincias, sobre todo las italianas y las españolas, durante algo más de trescientos años, hasta que los germanos llegaron a imponer un nuevo orden, donde se respetaba la independencia de las provincias y los múltiples reinados europeos, siempre y cuando se mantuvieran católicos, apostólicos y romanos, porque a los germanos les interesaba sobre todo Roma, y toda la magia y religión que se impartía desde ahí.

Sí, los germanos querían, sobre todo, ser romanos, incluido Hitler en el siglo XX, 1500 años después de la supuesta caída del Imperio romano.

Godos, ostrogodos y visigodos, en pos de Roma.

LUEGO, CARLOMAGNO, EMPERADOR

Carlomagno, señor del Imperio germánico romano, o romano germánico, entrando por Bizancio, primero, y extendiéndose hacia Roma, un poco después, logra el renacimiento de la Roma Imperial, tanto de Oriente como de Occidente, en el año 800 de nuestra era.

También logra, aunque no directamente, el cisma entre las dos grandes representantes del catolicismo, quedando la Iglesia católica, apostólica y romana de un lado y con su propio Papado, y la Iglesia ortodoxa del otro, con su Pope o Pontífice particular.

Carlomagno es hijo de Pipino el Breve, que le hereda el reinado de los francos, para después hacerse con el reinado de los lombardos, y de ahí seguir medrando hasta coronarse como el nuevo César (Kaiser) y emperador de Roma (Oriental y Occidental), para tener el derecho de gobernar todo Europa, con la anuencia de la emperatriz Irene, reina de Bizancio, que veía necesario un poder central para mantener una Europa fuerte ante los embates políticos, bélicos y religiosos de Medio Oriente.

Carlomagno, emperador.

Constantinopla era por entonces una urbe dinámica y rica, tanto en bienes materiales como en diversidad cultural, algo que no sucedía en Occidente, donde la obligación del catolicismo y la falta de una buena ruta de la seda mermaban sus posibilidades de crecimiento y desarrollo, sumiéndolos en una oscura Edad Media y a expensas del Vaticano, institución a la que el progreso no le interesaba y hasta parecía molestarle.

El gobierno sobre todo Europa solo le duró 14 años a Carlomagno, pero fueron suficientes para que el Imperio carolingio, o romano germánico, tomara forma, se asentara y durara hasta bien entrado el Renacimiento, algo así como 700 años, con reyes tan importantes como Carlos V de España y I de Alemania, además de Flandes y las tierras recién descubiertas de Asia.

Durante su breve reinado no pudo extenderse más allá de Dinamarca, pues los daneses opusieron férrea resistencia, y los países nórdicos recelaban de las verdaderas intenciones del catolicismo, que era una de las armas bélicas y diplomáticas de Carlomagno.

España e Italia, tras sendas campañas diplomático-militares, se le rindieron y lo aceptaron como gobernador de Europa, pero evitaban llamarle "César" o "emperador de Roma".

De cualquier manera, la apertura de fronteras y la cintura de la Iglesia católica logró un prerrenacimiento en toda Europa, con avances en ciencias y artes, y liberando muchos burgos en donde se fueron instalando judíos, árabes y persas, entre muchos otros, sin que la Iglesia los persiguiera.

El sendero del guerrero de Carlomagno no parece haber sido escogido, sino resultado de una iluminación más intelectual que mística, rompiendo con cuatro siglos de ciega pasividad eclesiástica de la Europa occidental, a veces simplemente fijándose en pequeños detalles que no se le habían ocurrido a nadie antes, incluso en temas como la contabilidad y el registro metodológico de los datos.

Código Áureo de Lorsch, **con mayúsculas y minúsculas, toda una novedad medieval.**

Como en tantos procesos históricos y sociológicos, el Imperio carolingio se desmembró a la muerte de Carlomagno, pero no el Imperio romano germánico, que conservó en lo que ahora es Italia a los Estados Pontificios, así como muchas de las reformas e iniciativas legales impensables para la reumática Europa de entonces, como las becas y la promoción cultural, donde las novedades no se enfrentaban con las tradiciones, sino que se sumaban a ellas. Incluso el lenguaje escrito dejó de tener solo mayúsculas, y empezó a tener minúsculas y hasta letras cursivas para diferenciar el origen de las palabras.

UNA PERSONA NORMAL

Carlomagno nació en Aquisgrán, entre lo que hoy es Francia y Bélgica, en el 742, y murió de pleuresía en el 813, también en Aquisgrán, que para entonces ya era parte de Germania.

Intentó casarse con Irene de Atenas, reina de Bizancio, pero la boda nunca llegó a celebrarse.

Coronó a su hijo Ludovico, que ya era rey de Aquitania, como emperador sucesor poco antes de morir, como si presintiera que le quedaba poco tiempo de vida.

A sus otros hijos o no los reconocía o ya habían muerto.

Enviudó de Lutgarda, quizá la última y con la que no tuvo hijos.

Fastrada fue su tercera esposa.

Desiderata, la esposa repudiada.

Hildegarda, de solo trece años, también fue su esposa y estuvo con él cerca de 12 años.

Himiltruda, pareja o esposa, madre de dos hijos, Amaudura y Pipino el Jorobado.

Además, se cuenta que tuvo por lo menos ocho concubinas y hasta doce hijos bastardos o no reconocidos.

Y a pesar de todo ello, se puede decir que Carlomagno no fue para nada un libertino ni un mujeriego, sino un hombre normal de su tiempo y un padre amoroso, además de un acérrimo creyente en el catolicismo, que entendía tanto como un arma política de contención y unión social, como algo místico y con posibilidad de redención de los propios pecados y salvación, que abría las puertas de un más allá más lisonjero a pesar del

Apocalipsis, que era menos terrible que el Ragnarök escandinavo.

Por otra parte, es obvio que tuvo un gran interés por mejorar sustancialmente el mundo en el que vivía, que en algunos aspectos era bastante sórdido y atrasado, sucio y mal organizado, con muchos detalles a tratar.

Carlomagno era un hombre muy culto, sobre todo para su época, un visionario práctico y adelantado, que pudo lograr muchos de sus sueños luchando cada minuto de su vida por conseguirlos, sin imaginar que sus reformas iban a tener efecto en todo el mundo quinientos años después, ni que durarían hasta nuestros días.

Su sendero del guerrero dejó abierto el camino para sus predecesores, que a menudo dan por hecho y hasta creen propios los pasos que han dado sus antepasados para llegar hasta donde hemos llegado, para bien o para mal, olvidando a menudo que cada ser humano es único y que debe luchar para dar sus propios pasos.

"No hay una sola forma de llegar a la cima, y a veces ni siquiera te das cuenta de que has llegado."

PROVERBIO ZEN

X

NAPOLEÓN, EL RETORNO A LA TIRANÍA
(EL SENDERO INVERSO)

De nada sirve
el triunfo
ni la derrota
en esta vida,
porque todo pasa,
todo se olvida.
MARCO AURELIO

¿Qué sistema de gobierno es el mejor para la humanidad?

¿La democracia?

¿La monarquía?

¿La tiranía?

¿El comunismo?

¿El capitalismo?

Para el zen, ya lo he mencionado varias veces en este y en otros textos, no hay peor gobierno que el gobierno mismo, y mientras la humanidad necesite ser gobernada, ni siquiera puede considerarse humana, quizá manada, recua o parvada, incluso cardumen, pero no humana.

Sin embargo, la realidad es la que es, y, como dicen los estoicos hay que aceptarla, sobre todo si no puedes cambiarla, si no está entre las cosas que puedes dominar y que te competen directamente.

De hecho, son muy pocas cosas las que realmente puede dominar una persona, pues ni siquiera somos conscientes de nuestra respiración ni podemos dominarla, porque el organismo respira por sí mismo y, si no respira, se muere.

Zenón decía que solo podemos elegir, y que no debemos dejarnos influenciar ni comprometer para elegir lo que no deseamos; aunque a menudo la necesidad de comer puede ser la influencia más maléfica que nos empuje a elegir cosas que no nos gustan para nada, y eso sin llegar a un crimen en concreto, sino simplemente a aceptar un plato que no nos viene de gusto, porque de lo contrario falleceremos de hambre.

Luego, una vez que satisfacemos el hambre, quizá necesitemos cubrir o descubrir el cuerpo por el clima que no podemos dominar ni elegir, y entonces cederemos otra vez nuestra decisión por el afán de vestir.

Y así hasta creer que necesitamos casa, vehículo, dinero, reconocimiento social, aceptación general, algunos lujos y caprichos, y hasta poder, como le sucedió a Napoleón Bonaparte, que por un momento pensó, tras luchar y ceder varias veces, que se merecía conquistar el mundo, o por lo menos a toda Europa, como habían hecho Julio César, Alejandro el Grande y Carlomagno, por ejemplo.

MONARQUÍA, DEMOCRACIA E IMPERIO

Napoleón Bonaparte, el Gran Corzo, nace en la recién anexionada isla de Córcega durante la monarquía francesa el 15 de agosto de 1769, soñando, como muchos corzos, en deshacerse de la presencia francesa a la que estaban supeditados; crece y se encuentra con la Revolución Francesa y la primera democracia de la Europa moderna, todo un hito mundial, pero sin que Córcega pueda independizarse para ser ella misma en lugar de seguir siendo francesa; y muere tras haber creado un Imperio, y sin la independencia de Córcega, pues París, como a tantos hombres ilustres, lo había seducido del todo.

Napoleón fue algo más que un pequeño dictador, como le llamaban sus detractores, pues como otros grandes hombres, Julio César y Carlomagno, también fue un buen legislador y un nada despreciable administrador de la Francia de aquellos días, con un buen equipo de gobierno y una clara proyección hacia el futuro. El código napoleónico sigue siendo una base del derecho actual casi mundialmente, consignado el derecho de las viudas a contar con una pensión vitalicia a la muerte de sus maridos, entre muchas otras leyes.

Quizá su peor error fue la guerra, pues su intento de dominar Europa no se sostenía ni por las más elementales cuentas de número de soldados y pertrechos, y mucho menos por la ideología propuesta, que para muchos era del todo reaccionaria y regresionista, cayendo en procesos económicos, políticos y sociales que ya se habían superado.

No contar con verdaderos y poderosos aliados cuando se inicia un guerra puede salir muy caro, y Napoleón no tenía los recursos individuales para pagarlo. Si Napoleón quería ser un emperador al más puro estilo romano (como Hitler lo intentaría después), ¿de qué había servido decapitar a Luis XV?

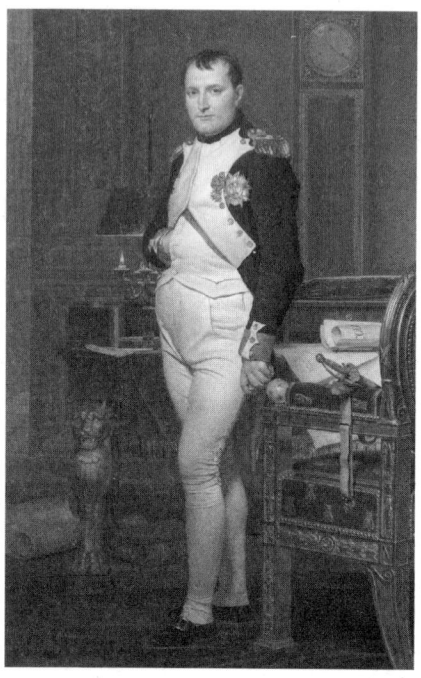

Napoleón, el pequeño dictador.

La consigna política del siglo XIX y de la primavera de los pueblos europeos era acabar del todo con la monarquía, reducir el poder de las religiones en asuntos del Estado, y probar nuevas formas de gobierno partiendo de diferentes ideologías, donde la tiranía y la monarquía tenían poco aceptación.

La burguesía, los bancos, las industrias y hasta los fisiócratas (campesinos a nivel industrial, o grandes terratenientes "naturalistas") estaban construyendo el nuevo paradigma mundial, y Napoleón no tenía cabida en ese nuevo modelo de planeta y humanidad.

FORMACIÓN MILITAR

De buena familia corza, Napoleón es enviado junto con su hermano José (el famoso Pepe Botella) a estudiar en la Academia Militar Brienne-le-Château, con solo diez años de edad, y seguirá la carrera militar hasta graduarse meritoriamente y pasar a la Escuela Militar de París, de donde salió ya como teniente segundo de artillería con solo 16 años de edad, toda una proeza.

Cuentan que a él le hubiera gustado más ser un capitán naval de quince años, pues era un cargo más romántico y aventurero, por lo que tuvo que conformarse con ser un oficial de tierra.

LA REVOLUCIÓN FRANCESA

Cuando estalló la Revolución Francesa, Napoleón se encontraba de licencia entre Córcega y París, pero no dudó en apoyar al movimiento libertario junto con los jacobinos, lo que le costó un obligado exilio a pesar de que los jacobinos triunfaron y algunos de ellos formaron parte de la Asamblea, pues como militar al servicio de la monarquía del Estado Francés, sus funciones y obligaciones debían haber sido otras.

Tras el exilio, y llamado otra vez a filas, demostró sus capacidades estratégicas en diversas batallas en un ejército francés que ahora defendía a la recién formada República y que reprimía los alzamientos en contra de la incipiente democracia, lo que hizo con inteligencia y valentía, combatiendo incluso a españoles e ingleses que querían aprovecharse de la situación, pues, aunque parezca increíble, fuera de París casi nadie en Francia aprobaba la disolución de la monarquía y la creación de una asamblea parlamentaria y democrática.

Sello jacobino libertario.

La Revolución Francesa era llamada por muchos "La Revolución Parisina", hecha por y los parisinos, que no beneficiaba en nada a la Francia rural y campesina, y mucho menos a los burgos como Tolón, Lyon, Marsella o Niza, donde los levantamientos en contra de la atildada república eran frecuentes, como frecuente era que se les reprimiera a fuego y sangre, con Napoleón como protagonista en una que otra represión sobre los contrarrevolucionarios, que señalaban al nuevo régimen de autoritario, dictatorial y sanguinario por mucho que se autodenominaran hipócritamente como democracia parlamentaria.

DE LA MILICIA A LA POLÍTICA

Una vez graduado y salido de la academia militar, Napoleón no tardó en tener diversos éxitos militares que lo fueron acercando poco a poco al centro del poder de lo que sería el Directorio Francés que suplía los poderes de la monarquía, pues de sus éxitos dependía que los ejércitos austriacos, otomanos e ingleses se mantuvieran lejos de París, a los que Napoleón había derrotado en diversas batallas, llegando a ostentar el rango de general, con el cual propuso la famosa invasión a Egipto, en manos otomanas en disputa con las inglesas, con lo que daría un doble golpe y aseguraría la ruta comercial de la India, que daba paso a la ruta de la seda y a las posiciones favorables geoestratégicas para una Francia sin una gran flota naviera.

La "Revolución Parisina", más que francesa.

Cuando estalló la Revolución Francesa, Napoleón ya era una figura política y militar, con influencia mediática entre sus tropas y entre los parisinos, pues hasta tenía un periódico en el que publicaba sus ideas políticas y sus gestas militares.

Aunque apoyó a los jacobinos, tanto los monárquicos como lo revolucionarios no confiaban demasiado en él, e incluso temían el poder con el que ya contaba entre sus tropas y el vulgo, y veían sus propuestas como una forma de medrar y hacerse un lugar en las élites políticas, haciendo proselitismo de su persona antes, durante y después de que estallara la Revolución, y no solo como unas ideas más de cualquier militar o ciudadano. La expedición a Egipto, aunque aprobada por el directorio, fue el punto de inflexión para lo que vendría después.

GOLPE DE ESTADO

La Asamblea y el Directorio de la Revolución francesa cambiaron hasta el calendario en su afán de crear un nuevo mundo, y le llamaron brumario (de las brumas) al segundo mes de la Revolución, en lugar de noviembre o diciembre, que es con los que coincidía respecto al calendario gregoriano.

Francia pretendía, obviamente, sacar a los religiosos de sus instituciones y vida política y social.

Napoleón no estaba de acuerdo con esas medidas, ni con la ineficacia que representaba el Directorio en cuestiones legislativas y de orden social, además de tener una clara ambición de poder desde antes de que explotara el conflicto entre la política burguesa y la monarquía.

Napoleón da su golpe de Estado.

Por eso, y por muchas cosas más, o menos, Napoleón da un golpe de Estado el 18 de brumario (noviembre de 1799), solo 10 años después de que hubiera triunfado la Revolución Francesa, con un Napoleón de 30 años dispuesto a comerse el mundo.

Ya como estadista Napoleón proclamó varias reformas, algunas de ellas estaban pendientes en el anquilosado Directorio desde antes del golpe de Estado, como la centralización de la administración de los departamentos, la educación superior, un nuevo código tributario, la creación de un banco central, nuevas leyes de pensiones y viudez, y un sistema de carreteras, avenidas, calles y hasta de cloacas, sobre todo en París, que por aquel entonces era un vertedero de inmundicias. También reformó el Código Penal y el Código de Comercio.

Con una Francia prácticamente atea en la cúpula, pero muy creyente entre el vulgo, tuvo que lograr un concordato con la Iglesia católica, pero no logró minimizar los atentados terroristas de los jacobinos, que seguían en la lucha por una democracia de voto popular y una república laica, sin injerencia de la Iglesia católica, aunque con libertad de culto y de creencias.

NAPOLEÓN EMPERADOR, AUGE Y CAÍDA

El 18 de mayo de 1804 Napoleón se proclama emperador de Francia (y de los territorios conquistados o por conquistar), con la anuencia del vaticano ("París bien vale una misa") y gracias a los consejos de Fouché ("El genio tenebroso"), según unos, o a su ambición y codicia desmedidas, según otros.

Entonces, Napoleón hace la guerra con media Europa, triunfando sobre Austria, Italia y España, pero sucumbiendo finalmente ante Inglaterra y Rusia, tanto en Waterloo como en su Campaña de Invierno, hasta que Prusia (la Alemania actual) le dio el golpe de gracia el 31 de marzo de 1814 llegando hasta París y ocupándolo en la famosa Guerra de los Cien Días.

Napoleón abdica a su imperio, Luis XVIII recupera el trono; Napoleón es prendido y encarcelado en la Isla de Santa Elena el 15 de julio de 1815, y muere seis años después aquejado de diversas dolencias, siendo sus últimas palabras, según la leyenda: "Francia, ejército, Josefina", en ese orden, criticando el abandono y traiciones que había sufrido por sus tres grandes amores.

Bien que mal, su poder duró más que la primera república francesa (Francia va por su quinta república), y su imperio lo mismo, diez años, un imperio retrógrado para muchos que intentó volver al pasado, o simplemente una veleidad de un Napoleón obcecado por el poder, pretendiendo revivir las épocas de los granes césares romanos.

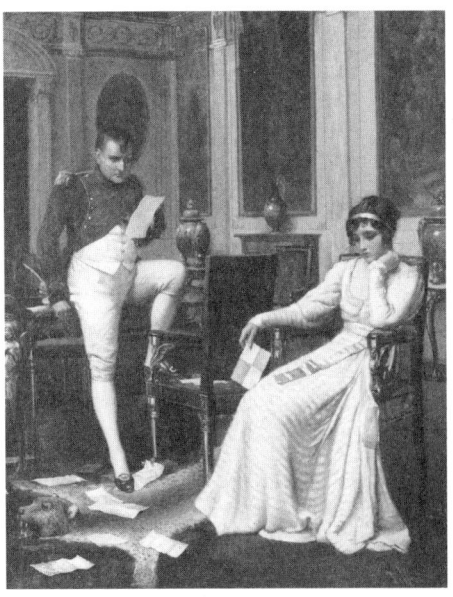

Napoleón y su gran amor, Josefina.

153

JOSEFINA DE BEAUHARNAIS

Su relación con Josefina fue todo un drama digno de una, o varias, novelas y películas, de amores, desamores, engaños, desengaños, conveniencias y traiciones, con un Napoleón más ciego y enamorado, o simplemente menos listo, más ingenuo y más romántico, por mucho que se pretendiera poderoso y el próximo amo del mundo entero.

"Una mujer, una simple mujer", estéril y no demasiado fiel, pues había traicionado a su antiguo amante por irse con Napoleón, pudo hacer con el Gran Corzo lo que le dio la gana, incluso lanzarlo al lecho de otras mujeres para que le dieran descendencia con hijos, por supuesto, bastardos.

Se cuenta que ella tuvo todos los amantes que quiso, mientras que Napoleón solo tuvo dos esposas legales, y dos amantes, una de ellas la misma Josefina.

María Luisa de Austria, segunda esposa, sí le dio descendencia, Napoleón II; lo mismo que su amante "prohibida", María Walewska, pero lo inscribió legalmente como hijo de su esposo oficial.

Napoleón fue pródigo con sus tropas y con su círculo más cercano, el cual lo acompañó en su exilio carcelario en Santa Elena, pero no tuvo fama de ser buen y amante padre, ni fino y solícito esposo.

Tenía fama de huraño y solitario, algo fanático del baño y la limpieza, y frugal en sus comidas y bebidas porque padeció males estomacales durante toda su vida. El pueblo francés lo amó y lo despreció, lo odió y lo enalteció, pero nunca lo trataron como a un verdadero emperador sino como a un rey más, con títulos de César, pero simple monarca al fin y al cabo, al que le pedían o exigían lo mismo que a Luis XV (pan y descendencia), porque a eso estaban acostumbrados y las nuevas formas de gobierno les tenían sin cuidado.

Mientras ganó batallas y guerras, fue un héroe, y, cuando las perdió, un simple loco desgraciado con infundados aires de grandeza.

El carisma de Napoleón fue tardío, su fama y el interés que despierta en el público y en los expertos le han dotado de características y caracteres que quizá nunca tuvo, pero que han servido para forjar su leyenda de gran estratega que siguió, sin duda alguna, el difícil sendero del guerrero.

> *"No se puede ser lo que no eres, y a menudo no se puede ser ni uno mismo, porque muy pocos saben quiénes son realmente."*

Proverbio zen

XI
Hitler, la eugenesia (el sendero racial)

Cambié de casa, de barrio,
de pueblo, de ciudad,
de país, de pareja,
de amigos y de familia,
pero perdí la batalla
y no pude cambiar
de planeta…
YEY EHECATL YANCUIC CALI

Adolf Hitler es, sin duda alguna y sobre todo a nivel popular, el personaje más siniestro de la historia, el más bajo moralmente, el más cruel, el más loco e insensato, el más hipócrita, incongruente y contradictorio, y, sin embargo, con unas ideas que siguen seduciendo a muchos seres de apariencia humana.

Hitler nació en Austria un 20, 21 o 22 de abril de 1889, dependiendo de la fuente, y a él le gustaba más el 20 que el 21 o el 22, porque eso lo convertía en un Aries de tercer decanato, muy propio de la evolucionada raza aria, la raza superior a todas las razas según los teósofos, y por tanto merecedora de dominar al mundo.

Lo curioso es que Hitler no era ario para nada.

No tenía los ojos de color azul profundo como jurara Goebbels mil veces para convertir su mentira en realidad, sino simplemente oscuros.

No era alto.

No era rubio.

No era de complexión atlética.

No era inteligente en ninguna área de la ciencia.

Ni tampoco un gran artista pictórico, solo regular.

Tampoco era un buen escritor, su libro, *Mi lucha*, no es una gran obra literaria sino sencilla, fácil e ingenua, que se leía a fuerza en el partido Nacional Socialista, pues era el evangelio del Führer, y después de su muerte por gente de no muy elevados conocimientos, como el Führer mismo. Sin embargo, y aunque el texto no parece demasiado original sino una copia de textos anteriores sobre "ariosofía" de Von Lizt, algunos seguidores, e incluso no seguidores de Hitler, lo señalan como un libro de filosofía. Por supuesto, Hitler no era filósofo en absoluto, sino un simple austriaco católico al que en cierta forma le tocó la lotería y la aceptación social y popular de una Alemania que tenía que pagar los platos rotos de la Primera Guerra Mundial.

Sello del Partido Nazi.

Fue cabo de correo durante la Primera Gran Guerra (la que se hizo para acabar con todas las guerras y fue un fracaso total), sin exponerse demasiado al combate y sin realizar ninguna hazaña heroica.

Después fue un funcionario gris de la República Espartaquista de la Weimar y se ocupó de espiar al Partido Obrero Alemán para el gobierno, hasta que se fundó el Partido Nacionalsocialista Obrero Alemán, donde dejó de espiar y compartió créditos con Karl Harrer y con Anton Drexler, y al que se sumó después Martin Bormann.

Una vez en el Partido Nazi, fundado en 1919, pasó, por escalafón y no por méritos, a ser presidente del mismo en 1921, porque sus dirigentes habían pactado presidencias con un año de duración; sin embargo, Hitler no dejó la presidencia nunca, o hasta su muerte en 1945, dejando de cumplir lo pactado y aferrándose al puesto al conocer algunas de las faltas de los otros dos dirigentes, a los que había espiado durante años.

Adolf Hitler, el popular tirano.

EL PARTIDO

El Partido Nacionalsocialista Obrero Alemán era una escisión del Partido Socialista Alemán, y en sus primeros años de funcionamiento se dedicó a denunciar e intentar desacreditar a las grandes industrias, los monopolios, el capitalismo feroz que venía, sin duda, de Inglaterra (USA aún no era la gran potencia mundial), a criticar el mal estado de la sociedad en general y, sobre todo, de los obreros y los trabajadores, pero sin atacar, al menos por entonces, a los judíos.

Hasta 1930, diez años después de su fundación, empezó a señalar a los judíos como causa de diversos males en Alemania como el contrabando, los fraudes, la evasión de impuestos, la prostitución, los cabarets y el crimen de baja escala.

Señalaban muy con ahínco que ser socialistas no tenía nada que ver con ser comunistas, pues los socialistas estaban preocupados por los obreros tanto como por la sociedad entera, creían en los méritos, la democracia y en la libertad de culto o religión, sobre todo las religiones cristianas y católicas, e incluso algunas exóticas como la hindú, y no veían con malos ojos el esoterismo ni a la teosofía, que pretendía unificar todas las religiones en una.

El espíritu espartaquista y el espartano eran parte de sus consignas, la rebeldía noble por un lado, y por el otro las primeras chispas de eugenesia, es decir, de la elección y la selección de los mejores, tanto física como racialmente.

La propaganda y el furor con el que proclamaban sus ideas supuestamente revolucionarias y transformadoras le llevó a ganar por amplia mayoría dos elecciones parlamentarias, consolidándose como un partido político fuerte, aunque muchos señalaban su ideología como inculta y descabellada.

Estaba claro que el pueblo trabajador alemán se sentía identificado con el Partido Nazi, por lo que en 1933 el presidente de Alemania, Paul von Hindenburg, nombró canciller a Adolf Hitler, y a partir de entonces el Partido Nazi se hizo prácticamente el dueño de la política alemana, y Hitler el político más popular que hubieran tenido nunca.

LA RAZA

En menos de tres años se podía decir que Alemania ya era casi del todo nazi, porque en 1936 solo algunos intelectuales cuestionaban las ideas racistas y antisemitas de Hitler, y los que lo hacían, muchas veces lo pagaban con la pérdida del empleo, el exilio o la vida, primero de forma soterrada, pero luego abiertamente.

El Partido Nazi no había solucionado prácticamente ninguno de los problemas de la sociedad alemana, sino que los había agravado, y, sin embargo, el pueblo alemán seguía votando a favor de Hitler y su equipo, porque a pesar de todo se sentían superiores al resto de la humanidad.

En las Juventudes Socialistas estaban apuntados casi todos los niños y los jóvenes alemanes, donde se les

adoctrinaba con frases como "el mañana me perte-
nece", con tanta insistencia y repetición, que llegaban a
creerlo literalmente aunque sus condiciones económicas y sociales no eran las mejores, y, según el Partido
Nazi, no eran mejores por culpa de las razas inferiores
que les quitaban el trabajo y se aprovechaban del asis-
tencialismo y la Seguridad Social creada por Otto von
Bismarck, el Kaiser que murió justo el año en que Hitler nació, lo que le daba una dimensión mítica al líder
nazi.

La inferioridad racial era la culpable de todos los males en Alemania.

Judíos.

Turcos.

Rumanos.

Húngaros.

Búlgaros.

Gitanos.

Españoles inmigrantes.

Ladrones de baja estofa.

Prostitutas extranjeras.

Rusos o polacos supuestamente comunistas.

Incluso uno que otro capitalista no nacido en Alemania, o que no era realmente Alemán porque no había
ocho generaciones de alemanes en su árbol genealógico.

La persecución a los judíos pobres o de clase media
era la más descarada, y hasta servía para ganar simpatías y votos entre el vulgo alemán, pero muchos otros
grupos también la padecieron solo por su procedencia
o rasgos fisonómicos. Orientales había muy pocos, pero

también eran menospreciados, con excepción de los hindúes, porque esotéricamente y gracias a la teosofía, eran una especie de hermanos de los teutones a pesar de ser tan morenos.

Lo distinto siempre ha molestado y hasta asustado a los seres humanos, así que propagar el miedo y el odio a los diferentes era en cierta forma fácil, al igual que lo hacen los Estados Unidos de Norteamérica y otros países menos famosos, actualmente.

Eugenesia

O los buenos genes.

O el buen nacimiento.

¿Niño o niña? No importa, con que nazca entero y sano es suficiente.

La eugenesia no es una idea original del nazismo, sino de Esparta, que solo quería niños hermosos y robustos, pero los nazis la aplicaron de una manera extrema.

Según nos cuenta Plutarco en su *Vida de Licurgo*, los espartanos mataban a todo recién nacido, hembra o macho, que naciera con defectos visibles. Lo lanzaban a un pozo sin dudarlo, aunque algunos se salvaban porque sus padres los escondían y se marchaban de Esparta a criarlos en otros pueblos, a pesar de los defectos de la criatura.

Algunos de esos niños, al crecer, se convertían en acérrimos enemigos de Esparta, que solo quería habitantes casi perfectos.

La eugenesia espartana llegó a tal punto, que fue una de las causas de su desaparición como pueblo, ya que poco antes de su desaparición contaba con 20 mil ciudadanos y 500 mil esclavos, que se unieron contentos a los romanos en cuanto se vieron invadidos.

Entre los judíos había, y posiblemente todavía la halla, la idea de que son una raza específica y el pueblo elegido por su dios, y, por lo tanto, diferentes y especiales al resto de la humanidad, que para ellos no es humana, sino animal sin alma y sin posibilidades de ir al cielo hebreo, por lo que en algunos momentos de su historia han masacrado a sus vecinos con verdadera saña, como si estuvieran matando cabras o ratas.

Dentro de los diferentes grupos judíos también hay diferencias, y los levíticos, los más elevados entre ellos, deben ser perfectos y sin taras, los primeros elegidos de todos, rabinos de alta escuela con conexión directa con Jehová, destinados a gobernar al mundo entero, porque la Tierra Prometida no es un punto en el planeta, sino que es el planeta entero.

Los judíos a los que perseguía el nazismo no eran precisamente levitas sino seres pálidos, deformes, encorvados y de nariz prominente, escasa barbilla y ojos tristes o malévolos, es decir, judíos pobres y mal hechos, primero, y de apariencia regular y casi humana, después, porque obviamente los judíos no eran ni son una raza específica, y los hay rubios y de ojos azules, y morenos y de pelo rizado, hermosos y atléticos, o desgarbados y de atractivo y estética diferentes.

Los apaches también pensaban que eran los únicos humanos verdaderos y que, por ejemplo, los Pies Negros y los Chochonis eran animales salvajes, pero no por ello practicaron el exterminio sobre otros pueblos aunque se enfrentaran con cierta asiduidad.

Japón no se queda a la saga, y hasta hace muy poco se creían humanos elevados y perfectos, tanto por fuera y físicamente, como por dentro y espiritualmente. Solo ellos, como seres humanos verdaderos, sabían lo que era la dignidad y el honor, y por ello tenían la licencia para matar y someter a chinos y coreanos, que eran inferiores a ellos en todos los planos, y a los blancos y los negros, terribles demonios y monstruos occidentales, a los que había que exterminar llegado el momento.

Hitler era estéril, y por tanto no era perfecto, tampoco era atlético y hermoso, sino algo grueso de abdomen, glúteos y caderas, por lo que no dejó descendencia a pesar de la fidelidad de Eva Braun y a la impotencia del Führer.

Su familia, hermanos, tíos y sobrinos, además de otras personas que ni siquiera eran de su familia, se quitaron el apellido "Hitler" acabada la Segunda Guerra Mundial, porque no era muy popular que digamos y podía traerles fatales consecuencias, con lo que su propio árbol genealógico pasó a desaparecer junto con la eugenesia propuesta.

CLASISMO

El clasismo también es útil para dividir y marcar diferencias entre la población, por lo que los nazis lo instrumentalizaron de manera incongruente, pero funcional, pues de cara a la población decían que los ricos eran malos e inmorales, cuando en realidad eran protegidos y gozaban de impunidad, tanto era así, que se cuenta que los judíos de clase alta y económicamente poderosos, como los levitas o los elitas, no sufrieron persecución alguna, mientras que los judíos pobres y de clase media, como los sefardíes españoles o los askenazis centroeuropeos, fueron masacrados y vejados de todas las terribles formas imaginables e inimaginables.

Los Rothschild, Rutherford, Goldman, Rockefeller y otros similares, judíos o no judíos, no sufrieron persecución, y hasta apoyaron a Hitler financiera y tecnológicamente; alguno de ellos formó parte de la Weimar; otros, como IBM, surtieron de informática a los nazis, por mencionar solo un caso.

LA GUERRA SUBLIMINAL Y PSICOLÓGICA

Para 1939 parecía que el pueblo alemán estaba hipnotizado y no se daba cuenta, e incluso aplaudía, las deportaciones, los exilios, la creación de los campos de concentración, los asesinatos, la eugenesia, la corrupción y la pésima gestión económica de Hitler y su partido, que a cambio de pan y trabajo les daba mitines en donde les prometía la gloria.

Algunas empresas fueron favorecidas, las que apoyaban al régimen y servían de falso ejemplo para hablar de mejoras laborales; el populismo asistencialista también funcionaba. Pero ante una Alemania que se desmoronaba y podía estallar en cualquier momento de accidental lucidez, Hitler huyó hacia adelante proclamando una guerra que obviamente no podía ganar, invadió Polonia e intentó recuperar algunos territorios que había perdido en la Primera Gran Guerra, así que siguió adelante hasta que logró producir la Segunda Gran Guerra, con lo que terminó por conquistar a su propio país, que corrió encantado a la contienda.

Intelectuales como Herman Hesse y Thomas Mann, en sus novelas *Demian* y *La montaña mágica*, al final de sus tramas mandan contentos a la guerra a sus personajes, Demián y su compañero unos adolescentes, a pesar de ser esotéricos y muy inteligentes, y los tísicos de la montaña mágica que unas horas antes no podían apenas respirar ni moverse, pero todos muy motivados para el conflicto de Alemania contra el mundo.

Esa huida hacia adelante resultó una mala idea, pues de 1939 a 1945 Alemania fue perdiendo batallas, guerras y aliados, hasta el punto de quedarse completamente sola y con un pueblo más o menos desencantado. Muchos generales y poderosos nazis huyeron hacia Sudamérica antes de que la derrota los alcanzara, y las empresas que apoyaron el movimiento bélico en un principio comenzaron a fallar en los suministros, e incluso boicotearon algunos de ellos, con lo que los pertrechos del ejército alemán cada vez eran más escasos y de menor calidad.

En el frente ruso se cometieron los mismos errores que cometió Napoleón un siglo antes, y Japón, otro país que creía en su superioridad racial, estaba cada vez más lejos. Italia dejó de ser parte del eje por activa y por pasiva, y hasta la pérfida Iglesia católica empezó a criticar esa guerra que ella misma había bendecido.

Alemania creyó que por lo menos Inglaterra, Estados Unidos y Dinamarca se le unirían en la campaña eugenésica de limpiar el mundo de razas grotescas a favor de las razas arias y blancas, pero solo recibió las tibias simpatías de Argentina y Paraguay, apenas casi nada de armamento o pertrechos militares, aunque sí carne de vaca de más o menos buena calidad.

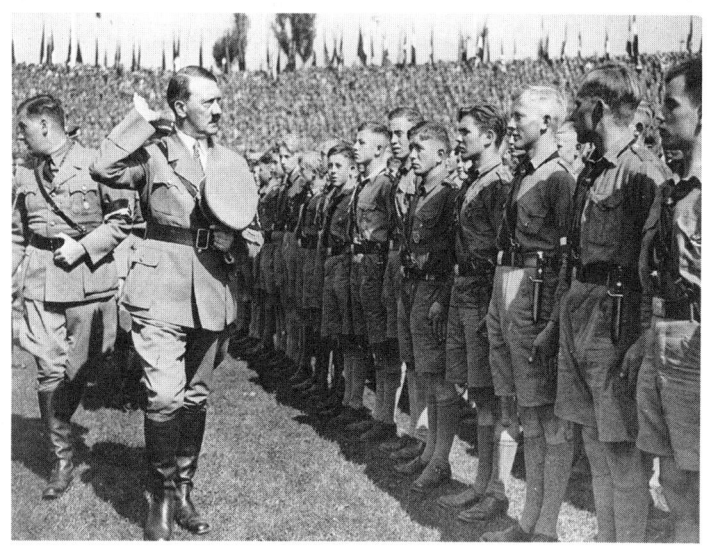

**Las Juventudes Hitlerianas
o Nacionalsocialistas.**

Hubo un momento en que el ejército alemán se fue quedando sin mano de obra y echó mano de los adolescentes, primero preferentemente arios y de las Juventudes Hitlerianas, luego de cualquiera que quisiera apuntarse o que se dejara levantar por el ejército, pero la gleba no dio buen resultado en ningún sentido, porque pocos se apuntaron, y los que se apuntaron tenían tan poca experiencia y verdadera motivación, que entorpecían las acciones del mermado ejército en lugar de ayudarlo. Las Juventudes Hitlerianas funcionaban bien en Berlín asustando a viejas judías, pero en el frente de guerra fueron una cobarde nulidad, porque el enemigo disparaba y se defendía con más fiereza que una anciana judía, y no dudaba en matar a un joven representante de la raza superior.

EL ÚLTIMO SUSPIRO

Hitler murió en su búnker de Berlín, con Eva von Braun a su lado, sin que nadie hiciera nada por salvarlo, y su pueblo, aunque adormecido, empezó a pensar que quizá el gran Führer estaba equivocado, que no eran tan superiores como pensaban y que no les quedaba más remedio que reconstruir su país desde las mismas ruinas.

Le quisieron creer a un demente, y no solo le creyeron, sino que lo apoyaron y lo siguieron, pensando quizá que el botín o la recompensa sería ser los amos y señores del mundo, un pensamiento tan eugenésico como el de los judíos que se creen elegidos de su muy particular dios, y a los cuales, por suerte, ni siquiera lograron hacer desaparecer de la faz de la Tierra.

En este caso el único sendero posible del guerrero fue reconocer el error, rehacer su propia patria e intentar no volver a caer en el abismo de la eugenesia, y es el que parecen estar siguiendo, esperemos.

"La mente puede ser un lugar de lo más peligroso cuando se le da entrada al fanatismo y a las más absurdas mentiras, Cuídate de ellas."

PROVERBIO ZEN

XII
Nuevos ídolos, nuevas guerras
(el sendero colonizador)

No hay peor veneno
ni peor dependencia
que detentar el poder,
cualquiera que este sea.
SÓCRATES

El revolucionario puede ser un héroe o un criminal, depende de si ha conseguido o no el poder, y eso dentro de sus fronteras, porque fuera de ellas será un criminal o un héroe dependiendo de la ideología que defienda.

Castro y la revolución.

Las estructuras sociales que sustentan los sistemas jerárquicos que conocemos y utilizamos en este planeta hacen poco viables los triunfos revolucionarios, porque aunque derroquen a un grupo de gobierno, no mueven ni un centímetro de su centro ni al sistema ni a la estructura, que siguen siendo jerárquicos, solo cambia de manos la detención del poder, con lo que los nuevos poderosos gozan de la impunidad y los lujos de los anteriores poderosos, o más, porque el endiosamiento es casi instantáneo, como una droga heroica que hace desear más y más y más.

Fidel Castro, por ejemplo, tras derrotar a Batista y echar fuera de la isla a los mafiosos norteamericanos, no cambió para nada la estructura jerárquica, pues él era el nuevo líder, impune y libre para mandar sobre vidas y haciendas, lo mismo que hacía Batista (y lo mismo que han hecho todos los reyes, gobernantes y dirigentes de este mundo desde hace unos doce mil años, por lo menos), por lo que no importaba la ideología de derechas, centro o izquierdas, sino quién tenía el poder de hacer y deshacer.

Tras la Revolución Cubana algunos ricos y poderosos dejaron de ser ricos y poderosos, pero casi ningún pobre dejó de ser pobre, aunque gozó de algunos privilegios y pequeños poderes que con el tiempo se han ido difuminando.

El poder es una droga muy adictiva, y el adicto, aunque llegue el día en que no pueda conseguirla, es adicto para siempre.

El poder coloniza el alma y la mente más que cualquier ideología o sistema político, sea este el que sea, y no deja ver ni sentir más que las propias apetencias. Por supuesto, no es lo mismo un sistema que otro, por lo que criticar al comunismo desde los valores del capitalismo es tan necio como criticar al capitalismo desde los valores del comunismo; aunque su denominador común es la jerarquía, el liderazgo y los enormes privilegios de sus respectivas élites y cúpulas. De nada sirve un sistema u otro, mientras la gran mayoría siga siendo pobre en todos los sentidos, y sea la masa despreciable, la carne de cañón de todo conflicto o guerra.

Las revoluciones no son nada modernas, aunque a veces así lo parezca, ya que desde la primera civilización ha habido levantamientos en contra de los poderosos, que han sido sofocados a sangre y fuego, o que han dado lugar a nuevos líderes y poderosos que muy pronto se olvidan de su afán revolucionario y vuelven a arrogarse toda clase de privilegios que no reparten ni comparten con el pueblo que se mató para que lograran vencer a los antiguos amos y señores.

Entonces, quizá la realidad sea que nunca se ha luchado para conseguir el bien de la mayoría, sino para conseguir el poder para una nueva minoría.

Mao Tse Tung (Mao Zedong) llevó a cabo una de las revoluciones más impresionantes de la historia humana, movilizando a cientos de millones de chinos y seduciendo a cientos de miles de intelectuales de todo el mundo, tanto con sus acciones bélicas como con su *Libro rojo*, con un resultado tan terrible que aún hoy en día la China milenaria está pagando por ello, atrapada entre un comunismo inexistente de partido y un capitalismo feroz incipiente.

Mao y la revolución cultural.

Matar absolutamente todo aquello que no nos gusta o no nos conviene es una tarea casi imposible, incluso si se hace con la mejor o la peor de las intenciones, pues siempre quedan remanentes en algún lugar, en alguna persona, en algún texto o en el alma o el espíritu de un pueblo.

"Si matamos a todos lo ladrones, ¿quedaríamos solo los honrados? No, quedaríamos solo los asesinos."

Todo genocidio es una verdadera barbaridad, una crueldad terrible, pero aun así algo de lo anterior a todo genocidio o revolución pervive, y no solo por su posible bondad, sino porque hay semillas de todo lo anterior sembradas por todas partes y el reemplazo o el retoño termina por brotar de nuevo en cualquier lugar y en cualquier momento.

Es más fácil que desaparezca todo un pueblo debido a su posición perdida o marginal, desapareciendo para siempre de la faz de la tierra su lengua, sus creencias y sus tradiciones, que a causa de una guerra o una revolución. Incluso a menudo lo aparentemente nuevo termina por fagocitar o colonizar poco a poco a culturas antiguas y pueblos enteros, gracias a los medios de comunicación y al servilismo de intelectuales y gobernantes que venden lo único que tienen: sus propias raíces.

General Lon Nol y sus Jemeres Rojos.

El general Lon Nol y su dictadura militar en Vietnam, apoyado por los Jemeres Rojos, no tuvo tiempo para ideologías rimbombantes, como Castro y Mao, pues las condiciones culturales, económicas y políticas de la región, incluida Camboya, no daban para instaurar a sangre y fuego una especie de comunismo campesino, que ya era común en la inmensa mayoría de la población campesina, porque Francia le vendió la guerra a los Estados Unidos de Norteamérica, con el fin de publicitar las "bondades" del capitalismo en el mundo entero, con los horribles resultados que todos conocemos, pero que se pueden ir olvidando poco a poco de la memoria occidental, y así lograr un genocidio mediático sobre las miserias de la humanidad.

¿HAY REVOLUCIONES DE DERECHAS?

Derrocar a las monarquías a partir de 1750 con la Revolución Industrial fue el inicio de las revoluciones burguesas y de derechas, cuya bandera era la producción a gran escala, el comercio global, la colonización por las buenas o por las malas del resto del mundo y la administración estatal de intervención mínima, es decir, el poder y la impunidad para los grandes capitales que hoy conocemos como capitalismo, y que en su momento, aunque usted no lo crea, era un movimiento revolucionario liberal y de izquierdas, apartando incluso a las grandes religiones del control de la población por medios ideológicos.

"Los grandes hombres tienen ideas, los demás tienen ideologías", frase adjudicada a varios filósofos, que tiene un profundo significado que por desgracia nunca se ha aplicado a la humanidad.

Así como la izquierda tiene textos de Marx, Bakunin, Gramsci y hasta Benjamin y Orwell, para proponer sus sistemas de gobierno en contra de la derecha y el autoritarismo tiránico, la derecha no necesita de más textos que los de la biblia, con la ventaja de que es fácil sacar fuera de contexto ciertos pasajes que justifican la explotación divina del hombre por el hombre, porque casi nadie en el mundo se la ha leído de cabo a rabo y por completo.

Adam Smith y la noble moral cristiana.

No se puede decir que el economista inglés Adam Smith no tuviera moral y cierta bondad cristiana, una moral que justificaba la explotación de los recursos de medio mundo porque los salvajes, blasfemos y herejes, dueños de dichos recursos, no sabían ni podían explotarlos por sí mismos, con lo que se les hacía un favor al masacrarlos, tras evangelizarlos y quedarse con sus diamantes, esclavos y oro.

LA SALVACIÓN A TRAVÉS DEL DESPOJO

Incluso el bueno de Confucio aconsejaba, por ley obligatoria, que los empleados obedecieran a sus amos, a sus mayores, a las autoridades y al monarca, repitiendo lo que se puede leer en la biblia, el corán y otros textos sagrados, con lo que los españoles, portugueses y la Iglesia católica no conquistaron lejanas tierras filipinas y americanas para expoliarlas y hacerlas suyas, sino para salvar a sus habitantes de la idolatría y de los desmanes de sus dirigentes locales, que para desmanes avalados por la religión ya estaban los españoles, los portugueses y los curas, como el hacer pegamento de construcción con la sangre de los aborígenes masacrados, eso sí, tras evangelizarlos por el bien de su alma y el mal de su cuerpo, que era lo normal en aquellos tiempos.

NOR MAL

Que nadie mal interprete
lo que les voy a contar,
que si alguien la pata mete
no es por la doble moral
o la cruel dicotomía
que divide al bien del mal.

Me explico:
Todos los que son ladrones
se acostumbran a robar,
y no entienden que se quejen
los que se dejan robar,
menos los que no se dejan.

¿Esto es nuevo?
Para nada,
cuando se inventó el poder
todo se fue a la fregada
hace muchos miles de años.

Desde entonces el ladrón,
siendo rico y poderoso,
cree que es tu obligación
aplaudir lo vergonzoso
de su indignante pasión:
robarte, comprarte, matarte,
pudrirte, desacreditarte,
violarte o meterte en la cárcel
si esa es su ilusión,
sobre todo si protestas
y cual mosco lo molestas
criticando su actuación,
pues ya sabe de antemano
que a Sansón a las patadas
no le ganas ni en montón,
y que todos tus hermanos
van a olvidarse muy pronto
de tu gran revolución,

así fueron educados,
sumisos al gran señor,
llámese como se llame,
padre, gobierno, gran Dios,
Virgen de los milagros,
tele, Internet, madre santa,
patria, raza, corolario,
hijos, coche o San Fútbol.

Y no digo que esté bien,
mucho menos que esté mal,
simplemente les recuerdo
lo que parece habitual,
y que la lucha no es lucha
cuando el ansiado remedio
es la misma enfermedad:
si sueñas con ser millonario,
poderoso de verdad,
el más listo o el más sabio
de tu pueblo o de tu hogar,
pues ya estás contaminado
y ten por seguro mi hermano
que a pesar de tu bondad,
los ladrones bien situados
no dejarán de robar,
sino todo lo contrario
porque serán como tú,
y porque eso es lo normal.

YEY EHECATL YANCUIC CALI

Lo "normal" puede ser algo de lo más absurdo, ridículo, incongruente y contradictorio, pero no importa, porque la humanidad abraza cualquier moda por desagradable y antiestética que sea, y hasta sanciona moral, social y hasta legalmente a aquellos que se nieguen a seguirla.

Si está de moda matar, se mata.

Si está moda mentir, se miente.

Si está de moda perseguir a un grupo determinado, se le persigue.

Si está de moda un líder, malvado y asqueroso, o positivo y hermoso, se le sigue y adora.

Moda que es aceptada socialmente, buena o mala, terrible o positiva, se cumple de manera mayoritaria, y aquellos que no la cumplan son reos de condenación, irresponsables, locos o criminales, no importa si tienen o no la razón, si esgrimen razones de peso, lógicas y consistentes contra tal o cual moda; tampoco si tienen prestigio académico, peso político e incluso dinero y poder, porque serán perseguidos y desprestigiados igualmente. La moda es la moda, y si no la sigues estás fuera de los cánones sociales de aceptación general.

"Hay quienes desean el mal para sí mismos solo porque se encuentran en una comunidad suicida, y prefieren morir antes que salir de esa comunidad. La locura es consustancial a la humanidad."

CUENTO ZEN

XIII

Vietnam, las guerras compradas
(el sendero del mal)

¿Por qué nos negamos
a reconocer el mal
por más que lo estemos
viendo frente a nosotros?
HO CHI MIN

¿Por qué justificamos el mal?

¿Por qué cerramos los ojos ante ciertas injusticias?

¿Por qué apagamos la luz ante la verdad?

A menudo nos solazamos con el mal ajeno y nos reímos de la desgracia del vecino, del hermano o del extranjero.

Seguimos el sendero del mal y nos parece hasta gracioso hacerlo.

Confundimos la rebeldía y la marginalidad, que justificamos por ir contra un sistema o un estado de cosas injustas para con nosotros o para con la sociedad entera, y creemos que haciendo, apoyando o justificando el mal, el crimen o el asesinato estamos heroicamente a la contra.

Blandir la bandera de la superioridad moral, alegando que el mal que hacemos no es realmente un mal sino un castigo, una venganza, una revancha o hasta un acto de bondad y de mejora para quien recibe y sufre ese mal.

El animal humano, decía Aristóteles, es el peor de los

animales, porque sabe y tiene conciencia de lo que está haciendo, pero a pesar de saberlo no deja de hacerlo. La ignorancia es la madre del mal, pero la conciencia, esa que nos dice al oído qué es lo que está bien y qué es lo que está mal, no necesita estudios ni educación para darse cuenta de sus tropelías.

No le hacemos caso ni a la consciencia ni a la conciencia, y tanto ignorantes como sabios y educados hacemos el mal.

Y no se trata de pecados ni de desviaciones sociales, sino del mal en sí mismo, del daño innecesario que infligimos a otros, sobre todo a los más débiles, a los que no se pueden defender y son impotentes ante nuestros actos.

Luchar en lugar de someterse y morir.

El poder, específicamente, es la capacidad de obligar a otros a que hagan lo que nosotros deseamos, sin que tengan la posibilidad de negarse o rebelarse, por lo que lo único que les queda es someterse, obedecer, humillarse o morir.

No hay enemigo pequeño, es cierto, pero sí hay enemigo impotente o incapaz de negarse o defenderse ante el asedio del poder.

La suma de la ignorancia más poder es una mezcla terrible que no respeta nada, ni a sí mismo.

Puede engañarse, pero obviamente cuando denigra al otro no se está respetando a sí mismo, desconoce la dignidad propia y, por tanto, denigra al otro en un acto de violencia y extrema cobardía.

Occidente, sobre todo en los últimos tres siglos, ha sido prepotente, ignorante y codicioso, malvado por naturaleza, asesino, violador, ventajoso, despiadado y hasta bíblico, pues además todos sus defectos los ha querido justificar con una supuesta bondad y mejora para todo el planeta como dioses bíblicos, que para salvar a los infieles los pasa por la espada o los quema en la hoguera.

Por supuesto, con las Iglesias católica y protestante como comparsa, dando la bendición divina a toda clase de crueldades horrorosas e inhumanas.

La pérfida Albión

La primera nación que inició la masacre, el expolio de África, América, Asia y Oceanía fue la pérfida Albión, más conocida como Inglaterra, que, sobre todo a partir de la Revolución Industrial de 1750, se sintió y se creyó la ama, dueña y policía del mundo entero, la que tenía, además de las armas y el poder, la autoridad divina y moral para hacerlo, y así sacar a los salvajes, herejes e infieles de su error, para hacerlos esclavos, sirvientes o carne para sus perros.

Tras la Revolución Industrial había que conquistar el mundo.

Las conquistas, la invasiones y los saqueos de unos contra otros han sido un común denominador de esta humanidad mal cocida y peor cosida, pero la desfachatez, además de arrogarse la razón a sí misma, ha sido inglesa sin ninguna duda, de la misma manera que lo ha sido la norteamericana en fechas más recientes.

China siempre ha sido una amenaza, pero de momento no ha invadido a casi nadie, e incluso ha visto cómo Taiwán, Laos, Camboya, Vietnam y Corea del Sur han salido de su égida sin que las haya masacrado abiertamente y del todo; y Rusia intenta mantenerse en el sendero del mal invadiendo pueblos y naciones que alguna vez formaron parte de la Unión de Repúblicas Soviéticas y Socialistas.

Francia y la Segunda Guerra de Indochina

Los franceses, padres de la Revolución Francesa que acabó en la dictadura de Napoleón, no creyeron que en Indochina funcionara aquello de "libertad, igualdad, fraternidad", y tras comprarle a Inglaterra, ya de capa caída tras la Segunda Guerra Mundial, el derecho a invadir Indochina, se lanzaron a la aventura asiática, de donde salieron muy mal parados al ver que los orientales no se dejaban dominar tan fácilmente como los africanos, y, como siempre detrás de un tonto viene otro más tonto aun, le traspasaron la guerra a los norteamericanos a muy buen precio, y los norteamericanos, ni tardos ni perezosos, la compraron.

Pretextos quiere el
diablo para hacer el mal

El pretexto de Occidente, y en este caso de Inglaterra, Francia y Estados Unidos, era que sus invasiones no eran con fines mercantilistas, sino para evitar el avance del terrible y amenazante comunismo, el crecimiento de China o el avance desmesurado de Japón; así como el narcotráfico (la Guerra del Opio), las mezclas raciales, las falsas creencias y competidoras religiones, y, sobre todo, el sacrosanto modo de vida occidental, el más hermoso, blanco, limpio, científico y adelantado del mundo entero.

Ya no era hacer un mundo mejor con la misma lengua, cultura, religión y sistema de salud, como lo pretendieron los romanos en general, y Alejandro Magno, Marco Aurelio y hasta Carlomagno en particular, sino hacer un mundo a su medida, blanco, limpio y puro, a costa de las razas y pueblos inferiores, que eran ricos en recursos, pero demasiado ignorantes y pobres para explotarlos.

Había que matar al otro porque no tenía su casa vallada con piscina y jardín, su coche particular, su mascota, su mujer hacendosa y casera, sus dos hijos en la escuela, sus domingos en misa o en el culto cristiano, su equipo favorito, un enorme amor a la patria, y, en fin, su *american way of life*, y si no lo tenían, había que masacrarlos y explotarlos en su propia tierra, porque tampoco les iban a dar facilidades para que lo tuvieran.

Vietnam en 1955, cuando Norteamérica se hace cargo de la guerra abandonada por los franceses, estaba muy lejos de llevar el estilo de vida americano, y ni siquiera el urbano de Rusia o China, y quizá tampoco contaba con jugosos recursos naturales a expoliar, hacía poco que Ho Chi Min había declarado la independencia y creación de Vietnam del Sur como Estado democrático, pero para Occidente eso apestaba a comunismo del más malvado y laico, e incluso hasta ateo, y había que evitarlo.

A reformar a los vietnamitas por su propio bien.

DIVIDE Y VENCERÁS

Una de las estrategias más habituales de los invasores es enfrentar a los de casa, ya sea con dádivas o con falsas promesas, para que se maten entre sí, y después recoger el botín y colgarse las medallas del triunfo.

Bao Dai era el emperador de Vietnam del Norte en aquel entonces, apoyado por los franceses, y no dudó en atacar a Vietnam del Sur por lo menos hasta 1975, cuando los del Norte tomaron Saigón dos años después de que Norteamérica saliera derrotada a pesar de su poder armamentístico.

Los Jemeres Rojos, del Partido Comunista de Camboya, también lo fueron del Partido Comunista de Vietnam, y su crueldad y antagonismo con sus compatriotas fue peor que el ladinismo francés y el laboratorio de la muerte de los Estados Unidos de Norteamérica.

A esta guerra se sumaron muchos países, hasta Cuba y Polonia, pero fue la juventud norteamericana la que hizo más por detener la contienda, en parte por toma de conciencia de la locura esquizofrénica que se vivía en la región de la antigua Indochina, como por no tener que ir a esa guerra maldita.

Estados Unidos perdió un par de generaciones mandándolas a combatir a Vietnam, de donde no regresaban o de donde regresaban con todo tipo de secuelas físicas y psicológicas, de tal manera que el gobierno norteamericano también estaba en guerra con su propia juventud.

LA AMENAZA COMUNISTA

El incipiente comunismo de Vietnam y de Camboya, pese a sus excesos, era más un pretexto para atacar y matar a la población civil y militar que una razón para intervenir en la región, donde al final nadie sabía quién era comunista y quién no lo era, si los del Norte o los del Sur, como mis padres, que tuvieron que emigrar dolorosamente hasta llegar a Europa, sin saber si eran comunistas o no, porque ni siquiera sabían lo que era realmente el comunismo.

En los años 50 mi abuelo pensaba que los comunistas tenían cuernos y cola, y que se comían a los niños, especialmente los rojos de Mao, que eran peores que los demonios blancos occidentales, porque de Rusia no sabía nada.

El mundo entero se dividió por la Guerra de Vietnam, unos a favor y otros en contra, unos con el Norte y otros con el Sur, sin saber en realidad qué representaba cada una de las regiones, y cuál de las dos era la verdaderamente comunista, un misterio que sigue hasta hoy en día.

"Donde hay jerarquía no puede haber comunismo", señala Bakunin, por lo que, en realidad, generalmente se hace la guerra por el ansia de poder, por la codicia megalómana de unos cuantos y por el posible botín, y no por determinadas ideologías o estilos de vida.

"Un tártaro rijoso y de cien kilos puede destruir cualquier intento de igualdad", insiste Bakunin, por lo que cualquier sistema, comunista o capitalista, no puede ser igualitario ni siquiera en accesos y oportunidades, y mucho menos cuando se enfrenta a un conflicto bélico.

Por si fuera poco, los procesos sociales son diferentes en cada entorno, en cada cultura. No todo el mundo es Occidente, por mucho que se pretenda, ni en Occidente mismo. Hay países que no pueden ser ilustrados porque nunca han pasado por el proceso de la Ilustración francesa; hay países que nunca pasaron por el Medievo europeo; hay países que no saben lo que es el modernismo; y hay países sin industria ni agricultura extensa, que jamás han pasado por el marxismo como teoría económica, y mucho menos por el comunismo, como era el caso de mi natal Vietnam cuando fue salvajemente agredida.

LA NIÑA DEL NAPALM

A quién puede importarle la ideología interesada, hipócrita y partidista de las derechas y las izquierdas, de la manida democracia, el idealismo, el utopismo, el positivismo, el comunismo o el capitalismo cuando una niña de nueve años es alcanzada por una bomba de napalm lanzada por gente sin alma, corazón y mucho menos escrúpulos.

Kim Phùc era esa niña vietnamita.

Una vergüenza para la humanidad entera.

Ese es el sendero del mal.

El 8 de junio de 1972 es un día maldito, un pecado sin perdón, el peor de los infiernos en esta misma Tierra y la razón por la que no merecemos salvación ni redención alguna.

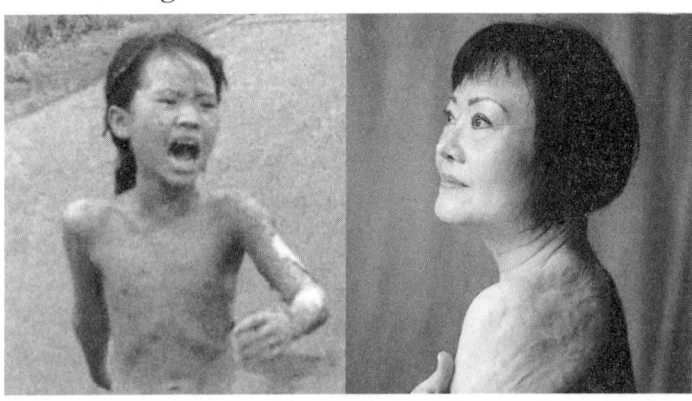

La niña del napalm, ayer y ahora.

Sin embargo, Kim Phùc sigue viva, y es la primera en perdonar porque su sendero de resistencia ante la iniquidad sigue firme, una verdadera guerrera zen, y no esos dioses que las religiones se inventan.

"No hay dioses superiores a la bajeza de la humanidad", diría Emil Cioran, "porque de haberlos se les caería la cara de vergüenza al observar tanta iniquidad y no hacer nada para detenerla, para sanarla, para destruirla y acabar con ella. ¡Malditos sean los dioses y la humanidad! ¡Malditos sean!".

Emil Cioran, el sendero de la triste realidad.

Pero las guerras y su indignidad no cesan, las élites las provocan y las sufragan sin sentir ni un gramo de compasión por las víctimas que sus locuras y poder engendran.

Las guerras se siguen vendiendo y comprando al mejor postor con cualquier pretexto ideológico, político y económico, donde el peor es casi siempre el que ataca e invade, y el menos peor el que se defiende, pues pocas veces tiene otro remedio. La paz parece una entelequia más, un concepto vacío, una hermosa utopía, pero ausente.

En la guerra, incluso los que no la padecen y viven tranquilos en sus cómodas sociedades modernas son cómplices y beneficiarios del expolio y del asesinato, e incluso aplaudidores de esos falsos héroes que los mantienen a salvo, pero con miedo a que de un momento a otro todo se pierda.

El verdadero guerrero, zen o no zen, lucha miles de batallas sin hacer que otro pierda la vida. Su guerra es noble y distinta, constructiva y no destructiva.

Está claro que hay muchos tipos de guerra, e incluso hay algunas modalidades de invasión, conquista y sometimiento de las que ni siquiera nos damos cuenta.

GUERRAS SUBLIMINALES

Incluso hay guerras malditas y miserables en las que no se dispara ni una sola arma, pero en las que se ataca y pervierte a las conciencias; guerras psicológicas, guerras simbólicas, guerras colonizadoras, guerras subliminales que hacen tanto daño como la peor de las guerras, pues asesinan culturas enteras, genocidios del alma que someten al grueso de la humanidad sin que nada ni nadie las detenga.

De esas guerras nacen mundos planos donde todo es siempre lo mismo, eternamente repetido; en donde todo cambia, como diría Walter Benjamin, para que todo quede y siga igual; donde los grandes libros, pensadores, literatos, filósofos y sabios resisten el paso del tiempo no por excelsos y brillantes, sino porque las sociedades son estáticas y repetitivas y no son capaces de ver más allá.

En ese sentido el eurocentrismo, el etnocentrismo y hasta el androcentrismo han triunfado y han conquistado miles de millones de conciencias y de consciencias sin lanzar ni un solo misil, e incluso sin amedrentar de manera clara y directa a las poblaciones, sino introduciéndose sibilinamente, repitiendo las mismas consignas hasta el hartazgo con los corruptos medios de comunicación como publicistas y aliados; haciendo y produciendo novelas de las mismas novelas de antaño con los mismos dramas, tragedias y guiones imposibles y almibarados para el beneplácito de los conquistados.

Sí, en estas guerras colonizadoras el cómplice perfecto es el mismo conquistado, que canta las mismas canciones, aplaude a los mismos héroes y deportistas, ve los mismos programas, películas y series de televisión, donde se repiten los mismos guiones de siempre hasta la náusea y hasta el hartazgo, pero sin hartar a su más amplio auditorio, que parece hasta gozar consumiendo el mismo plato recalentado eternamente.

Vencidos mucho antes de presentar batalla, y a menudo hasta contentos de formar parte de las sociedades modernas y acéfalas, copiando los modelos que nos indican las élites, aunque no tengamos dinero para ello.

Los medios de comunicación, las noticias, las ideologías, las religiones y hasta los más nobles deportes (si es que los hay) forman parte de esta guerra vil, pero sin municiones.

> *"Todas las religiones mienten, pues saben que no hay salvación para el grueso de la humanidad, y que muy pocas personas, sin dioses de por medio, por su lucidez merecen una existencia mejor en este mundo o en uno venidero."*
>
> CUENTO ZEN

XIV
GENGIS KHAN, LA AMBICIÓN DE SER OTRO
(EL SENDERO GENÉTICO)

*En Mongolia
nadie es hijo de los dioses,
porque todos son hijos
de Gengis Khan.*

DICHO POPULAR CHINO

Muchos de los grandes guerreros y conquistadores de la historia han querido ser emperadores, reyes, potentados, inmortales y hasta dioses, pero en Oriente una de las pretensiones más habituales y curiosas es la de ser padre o madre de todos sus paisanos o habitantes de esa región, como lo pretendieron algunas emperatrices y el Emperador amarillo, pero sobre todo el Gran Khan, Gengis Khan, el gran semental y padre de todos y cada uno de los mongoles, al menos eso dicen algunos expertos en genética, que según ellos han descubierto en el ADN de los mongoles el rastro inequívoco del monarca.

También es posible que los mongoles, desde mucho antes de que naciera Gengis Khan (Temu yin o Temuyin, "de hierro", era su nombre natal), en el 1162 de nuestra era, ya tuvieran muchas similitudes en su ADN, tanto por su posición geográfica como por su aislamiento reproductivo, pues durante milenios no tuvieron la oportunidad de relacionarse con otras etnias.

Además, cubrir a mil, cien mil o un millón de hembras, y que casi todas ellas queden preñadas tras el cubrimiento, no debió ser una tarea nada fácil, por lo que el Khan, a pesar de tener un gineceo amplio y continuo, difícilmente podría ser el padre de todos y cada uno de los mongoles que le sucedieron, aunque, por supuesto, es mucho más romántico y novelístico que hubiera sido un gran semental ante el cual todas las mongolas cayeran rendidas, sobre todo cuando era un joven viril y arrojado guerrero dispuesto a conquistar no solo a todas las orientales, sino al mundo entero, como tantos otros conquistadores.

Gengis, el Gran Khan joven y viril.

EL PRIMER GRAN KHAN DE MONGOLIA

Para conquistar al mundo entero, lo primero que tuvo que hacer Gengis Khan fue conquistar a la propia Mongolia, venciendo a otros señores de la guerra y unificando a una población muy dispersa, ya que buena parte de los mongoles eran trashumantes estacionarios que recorrían todo el territorio, desierto de Gobi incluido, llevando su casa a cuestas; y unificar a una población seminómada no debió ser un trabajo sencillo, pero lo hizo y se proclamó como el primer gran Khan de Mongolia, algo que copió de sus vecinos, la gran cultura china, con una jerarquía tradicional donde:

-Khan es el señor, o emperador.

-Qian es la señora, o consorte del emperador.

-Gen es el consejero, el asesor e incluso el médico.

-Dui es el monje, la religión y hasta la puerta hacia el temido Occidente.

-Chen es el guerrero, el ejército y hasta el artesano o el labrador.

-Xun es la doncella, la servidumbre o incluso la concubina.

-Kun es la peinadora, la enfermera, la cuidadora, la maestra.

-Li es la cocinera y el pueblo.

Así que, una vez vencidos a sus adversarios mongoles, podía ser el gran Khan de Mongolia y empezar a pensar en expandir su reciente imperio.

ENAMORADO DE CHINA

Expandir el Imperio mongol sobre China fue la prioridad del gran Khan, pues en China, a diferencia de

Mongolia por aquel entonces, estaban el refinamiento, la cultura, las grandes urbes, el conocimiento científico, los grandes puertos y navíos militares y mercantes, la gastronomía extensa y exquisita (y no solo mijo y leche de cabra o yegua, como en Mongolia), teatros y centros de diversión.

La sabiduría de Confucio estaba en China.

La espiritualidad de Lao Tse estaba en China.

La magia del feng shui estaba en China.

El poder de la pólvora estaba en China.

La escritura y la caligrafía estaban en China.

Los cometas voladores de mil colores estaban en China.

Y hasta el milagroso Buda estaba en China.

Temuyin era mongol por los cuatro costados, pero soñaba con ser chino, algo que no se le concedió hasta después de su muerte, a pesar de haberse sentado en el trono palaciego de la ciudad prohibida.

Por tanto, lo primero que debía hacer era conquistar a la sabia y milenaria China.

LOS EJÉRCITOS MONGOLES

La Gran Muralla china no fue obstáculo, pues llevaba mil quinientos años construida y tenía fallos estructurales por aquel entonces.

Las flechas chinas, tampoco, gracias a las cotas de seda de las mallas de los soldados mongoles.

Alimentar con mijo y leche de yegua a los miles de soldados fue algo más laborioso, pero la mayoría de ellos ya estaban acostumbrados a sobrevivir en las condiciones más extremas.

La Gran Muralla, poco cuidada en el siglo XI.

Mantener la disciplina entre las propias tropas sí era un problema que a menudo se corregía con sangre, pues a pesar de ser guerreros de nacimiento, carecían de disciplina militar y su principal motivación era el botín prometido, más que servir a una causa concreta.

El ejército, conformado exclusivamente por mongoles en un principio, gracias a que sus condiciones extremas de vida ya lo hacían un pueblo guerrero preparado desde la infancia para la contienda, eran además de excelentes jinetes y muy hábiles en el tiro con arco.

Al inicio de las campañas bélicas, la mayoría de los soldados mongoles iban a caballo, muy pocos iban a pie; a medida que se iban produciendo las conquistas el ejército sumó a todo tipo de soldadesca, por lo que los mongoles originales destacaban sobre sus fieles monturas y se hacían líderes naturales en las batallas.

Muchos mongoles era grandes, fuertes y altos, contrastando con las mongolas, que eran excepcionalmente resistentes pero no muy altas, las cuales, por descontado, también estaban preparadas para la lucha si se llegaba el momento.

Las tropas se dividían de manera decimal según las necesidades, desde diez bravos y peligrosos guerreros hasta cien, mil, diez mil o cien mil (o diez veces diez mil, que era el mayor número en las culturas orientales).

VEINTICINCO AÑOS DE TRIUNFOS

Desde que asumió el cargo de gran Khan, Gengis tuvo veinticinco años de éxitos militares y conquistó un territorio, toda Asia, muy superior al que lograron los griegos y los romanos en 500 años, del 1206 al 1227.

China lo nombró emperador de todas las Chinas tras su muerte, pues su presencia y gobierno fueron justos y eficientes, llevando la paz a unos territorios donde antes siempre había enfrentamientos, bandidos armados y abusos de los señores locales, que tenían al pueblo literalmente muerto de miseria y hambre.

Su ejército era poderoso, pero no abusivo ni cruel, pues se puede decir que Gengis Khan supervisaba todas y cada una de las batallas, así que una vez tomada una plaza de inmediato se pasaba a la diplomacia y a los acuerdos de gobierno.

LA FAMA DE SEMENTAL

Gengis Khan, como todo gran señor, tenía derecho a cuatro esposas.

Ocho concubinas.

Doce amantes.

Y un gineceo abundante.

Parte de sus mujeres lo acompañaban en sus campañas militares para que no pasara ninguna noche solo y sin cariño, pero el día solo tiene 24 horas y, debido a sus múltiples ocupaciones como Khan y líder de su ejército, a veces solo lo acompañaban.

No fue el padre de todos los mongoles, ni de los chinos, los malayos, los indostanos ni de todas las etnias que fue encontrando a su paso, pero sí tuvo una gran y amplia descendencia, desde Kublai Khan, su nieto heredero y fundador de la Dinastía Yuan, que dilapidó buena parte de lo que Gengis Khan había logrado, y otros muchos descendientes que ocuparon cargos importantes tanto en China como en los territorios ocupados, pero no pudieron mantener la unidad conseguida por Gengis Khan.

Su árbol genealógico es impresionante y abundante de cualquier manera.

No tuvo que ser un mujeriego libertino para tener a todas las mujeres que tuvo, pues ni siquiera podía dejar de tenerlas, aunque sí se enamoraba a menudo de una que otra bailarina, prostituta o princesa, y, como sucede en estos casos, a veces no tenía interés por las mujeres que ya poseía, y se interesaba por aquellas que no podía poseer, sobre todo en los últimos años de su vida.

Kublai Khan, el nieto dilapidador.

MUERTE DE NOVELA

Gengis Khan, emperador de todo Oriente de sur a norte y de oriente a occidente, murió de manera misteriosa en el 1227 de nuestra era, mientras Europa vivía su Baja Edad Media sostenida por la religión y la barbarie.

Tenía entonces 65 años de edad y su aspecto era el de un anciano noble y dulce, y no el de un feroz guerrero, a pesar de que seguía yendo a la cabeza de sus tropas en cada campaña militar de cierta importancia.

Nadie sabe fehacientemente cómo murió el gran Khan.

La leyenda más popular de su fallecimiento cuenta que quiso conquistar a la princesa heredera de la Xi Xia Occidental, pero que esta se negó porque el Khan por entonces ya era un anciano poco atractivo para una princesa, así que el Khan, furioso, mandó que la secuestraran y se la llevaran a su lujosa tienda de campaña, donde la tomaría por la fuerza si fuese necesario, pues tenía que ser suya por irrespetuosa e insensata.

Gengis Khan a los 65 años de edad, poco antes de su muerte.

La princesa fue prendida y llevada ante la presencia del Khan, pero sin revisar sus ropajes por respeto a su belleza e investidura, y ella pareció tranquila y hasta sumisa cuando estuvo ante la presencia del emperador, por lo que el Gran Khan la llevó a su lecho confiadamente.

Cuando parecía que por fin la había conquistado, pues ella le había desceñido el pantalón, el gran Khan se relajó y se sintió animado y satisfecho, sin darse cuenta de que la princesa sacaba una fina daga de su manga izquierda, para castrarlo de golpe sin que el anciano pudiera hacer nada para evitarlo.

Los gritos del Khan atrajeron a su guardia, que no supo qué hacer al ver cómo manaba la sangre de entre las piernas de su señor.

Tanta fue la sorpresa y el descuido, que la princesa pudo escapar sin problemas y refugiarse en su palacio, mientras el Khan se desangraba y moría sin que su médico militar pudiera hacer nada por evitarlo, pues el corte había sido de cuajo desde la base, y no había por dónde ni cómo taparlo o cerrarlo.

Hay muchas otras versiones de su muerte.

El sendero del guerrero del gran Khan

La mayoría de las personas de ahora y occidentales, tanto como las personas de ayer y orientales, a menudo sueñan, quieren y desean conocer a un famoso, darle la mano y estar unos segundos a su sombra, y, si lo logran, se emocionan, ríen, lloran y atesoran el momento como una gran conquista.

Otros se conforman con ser parte de algo "más grande que ellos mismos", con unas vacaciones más o menos de lujo, con tener un vehículo de transporte, un terreno o casa propia, o con algo más simple pero también más fantasioso, como encontrar al amor de su vida, o por lo menos a la persona que les haga compañía hasta el día de su muerte, incluso si esa persona no es su pareja sino un familiar, una hija o una amistad.

Muy pocos aspiran a la soledad, la sabiduría, la lucidez o el entendimiento, y no siempre lo consiguen, aunque lo intentan con todas sus fuerzas. Por curioso que parezca, algunos que quieren ser pobres y vivir en la indigencia, o como austeros ermitaños, tampoco lo tienen fácil, y a menudo su familia, las autoridades o alguna iglesia o secta no los deja, los "rescata" e intenta volverlos al redil, mientras la sociedad los desprecia, pero les da limosna o los alimenta.

Los menos, y que casi se pueden contar con los dedos de las manos y los pies, son los que sueñan con conquistar el mundo entero y preñarlo con su pensamiento y sus ideas, equivocadas o certeras, y finalmente lo logran, como Gengis Khan, que lo tuvo casi absolutamente todo en su camino por el sendero del guerrero.

Pero no importa, porque como buen luchador de lo cotidiano y mejor guerrero zen, murió en el intento, sin dejar nunca de perseguir lo que deseaba.

Quizá ese sea el truco de una vida plena, el verdadero sendero zen del guerrero: no dejar de luchar por lo que se cree bueno, justo, correcto, satisfactorio o simplemente placentero, hasta el último aliento de vida.

Una vez muerto, ya nadie puede hacer nada por luchar para conseguir lo que se desea, y los herederos lo mejor que pueden hacer es repartirse la herencia, dar vuelta a la hoja y luchar por sus propias aspiraciones, por más que recuerden con odio o con cariño al fallecido.

"No siempre se puede conseguir lo que se desea, ni siquiera siendo el ser más poderoso de la Tierra entera. Pero no hay que dejar de luchar por ello."

PROVERBIO ZEN

Epílogo:
Vencer sin matar (el sendero del amor)

En el amor y en la guerra
todo se vale,
aunque sea sucio,
bajo y deleznable.

Dicho popular

Antes que nada, gracias por leerme (o por comprar el libro), pues no soy más que un humilde monje zen que vive un poco al margen de lo establecido, y que intenta pensar lo que escribe sin pretender tener la verdad o la razón en ningún momento, porque simplemente escribo lo que contemplo, sin juzgar si es correcto o incorrecto.

Por ejemplo, no se menciona habitualmente, pero la guerra tiene un componente erótico que es una de las razones por las que a la humanidad le gusta tanto el conflicto bélico.

Ganar excita.

Sobre todo cuando es la primera vez que se gana.

La segunda vez ya no es tan intensa la sensación erótica, pero esto se suple con la celebración en masa que ayuda a mantener la sensación orgásmica de euforia.

La locura por el gusto de la sangre derramada insufla los corazones, de la misma manera que lo hace el triunfo del equipo del cual se es fanático.

Muchos de los entrenamientos militares, además de la disciplina ordinaria, se hacen con vísceras, trozos de carne cruda, que hacen entrar al soldado en un estado de trance violento. La gente común y corriente siente el mismo éxtasis visualmente, sin practicarlo directamente, a través de una pantalla o viendo los toros o las peleas de gallos desde la barrera.

No es moralmente aceptable, pero junto con el asco y la repulsión a la violencia, las vísceras y la sangre, viene el deseo, el hambre y hasta un cierto tipo de alegría morbosa.

Hay quien dirá que esto se debe a la evolución, es decir, que el ser humano no es malo por naturaleza, sino que la violencia forma parte de su evolución biológica como una estrategia de reproducción y supervivencia.

Comemos, y si somos carnívoros se supone que tenemos más tendencia a la irritación, la competitividad y la violencia, aunque los vegetarianos también son irascibles y amargados, fanáticos y seguidores de un líder o de una ideología, por lo que el tipo de alimento no marca la diferencia, ya que el hecho de comer carne o vegetales no está exento de la liberación de hormonas que faciliten la digestión, y, de una o de otra manera, nos alimentamos de seres vivos, animales o plantas, que mueren para satisfacer nuestras necesidades, lo cual implica en todo caso un nivel simbólico de violencia. Triunfamos sobre las plantas y los animales, nos comemos a todo lo que nos rodea, incluso a nuestros propios hermanos, y eso, queramos o no, nos excita.

La excitación que se obtiene a través del triunfo, la conquista o la simple violencia libera tanto adrenalina como endorfinas, y disponen al organismo a la reproducción, que algunos llaman amor y otros sexualidad.

Por eso, a menudo el líder es el peor, el más violento,

el más prepotente, el menos fiable pero que aparenta tomar la responsabilidad bajo su mando, y que a pesar de todos sus defectos parece brindar protección al resto del grupo o de la manada.

Las hembras suelen preferir también al "chico malo" que al "chico bueno", al tipo rico que al tipo pobre, o al malo para el sexo y la trasgresión, y al bueno para formar familia; mientras que los machos solo hacen distinciones dependiendo de su edad, y en la adolescencia, cargados de hormonas, toman todo lo que se les ponga enfrente; en la juventud prefieren a las chicas malas para el sexo y a las chicas buenas para el matrimonio; en la madurez prefieren la estabilidad con una que otra trasgresión; y en la ancianidad hacen lo que buenamente pueden, por lo que parecen mucho más selectivos.

En la guerra la tropa hace algo similar, pues se arropa y sigue al valiente, al jefe, al arrojado; luego al estratega, al inteligente; llega el punto en que se resguarda sobre los benjamines, los que lo ven como líder o con experiencia; y al final hacen la guerra desde lejos, dejando que se maten los otros y eligiendo las batallas menos cruentas y peligrosas.

LA CONTRAPARTE

Para que exista un sádico debe haber un masoquista, o dicho de una manera más fina, para que exista un activo debe haber un pasivo, o un proveedor y un receptor, ya que si uno da debe haber otro que reciba para completar el círculo, porque dos sádicos o proactivos no pueden compenetrarse ni reproducirse, y sin parte complementaria no hay posibilidad de evolución ni avance; y no importa si es hembra o macho la parte activa y violenta, lo que importa es que se complementen.

Sí, una mujer puede ser tan violenta y asesina, o tan sumisa y receptiva como cualquier hombre. Los roles de género son más funcionales, convencionales y sociales que reales.

Suena crudo, pero la realidad es cruda, y de nada sirve esconderse de ella porque tarde o temprano nos va a alcanzar, para demostrarnos que podemos ser tan santos y probos como sucios criminales o valientes o cobardes, todo depende del momento y del adversario que se nos ponga enfrente, por lo demás los seres humanos, todos y cada uno de nosotros, somos capaces de lo peor y de lo mejor que nos hemos inventado para nosotros mismos.

Las soluciones de siempre

Lo primero sería reconocernos a nosotros mismos tal cual somos, y no inventarnos ni fingir cualidades que no tenemos.

La hipocresía es un pegamento social, pero a la larga es ineficiente y trae más oscuridad que claridad en las relaciones humanas.

Los grandes pensadores como Confucio, Buda, Sócrates y Zenón, entre muchos otros, aconsejan reprimir los instintos o seguir una moral obligatoria e impostada, que viene a ser más o menos lo mismo. Suenan bien sus palabras, pero solo son un maquillaje para enmascarar la verdad y los hechos.

Las religiones nos ofrecen un tanto de lo mismo, y nos instigan a portarnos bien y a no pecar so pena de ir al infierno o perdernos el paraíso celestial, cuando saben perfectamente que es imposible no pecar, tanto por nuestra condición animal como por nuestra constitución orgánica; y para ello algunas ofrecen el perdón o la redención a cambio de tener fe y creer en amigos imaginarios inventados que nos darán la vida eterna, cuando también saben que son parches y falsas promesas, pero que funcionan y, si bien no evitan que la gente peque, por lo menos logran que la mayoría no lo haga en público, lo que es de agradecer, pero que no evita males mayores como el crimen atroz y la guerra misma.

¿Qué podemos hacer entonces?

Hay dos principios que pueden mejorar nuestra condición humana en todo su abanico, sin renunciar a la naturaleza de nuestro organismo, el tao y el zen, o la iluminación y la lucidez, donde el conocimiento de la verdad es nuestra mejor arma para seguir el sendero del amor en las batallas de la existencia.

Entendiendo, entre otras cosas, que el amor es la estimación que sentimos por todo lo que nos rodea, incluidos otros seres humanos, pero no las ganas de poseerlos o rechazarlos y despreciarlos, ni tampoco la arrogancia de la condescendencia hacia ellos. Podemos tener todo tipo de interacciones con ellos y con el resto del planeta, sin dejar de estimarlos por ello.

Se lucha si se tiene que luchar.

Se exige si se tiene que exigir.

Se hace lo que se tenga que hacer.

Pero no por ello se deja de estimar, porque todos y cada uno de nosotros somos una experiencia vital preciosa y única, sin más virtudes ni defectos que los que esa misma experiencia nos pueda brindar.

Hay que apartar las dicotomías de nuestra vida.

Ni malo que perseguir, ni bueno que ponderar.

Ni mejor ni peor.

Ni más bello ni más feo.

Ni más alto ni más bajo.

Ni quién manda ni quién obedece.

Ni doctrinas, ni ideologías ni prejuicios.

Ni patrias ni banderas.

Ni riqueza monetaria ni pobreza intelectual.

Ni leyes y normas, ni crímenes ni abusos.

Ni jerarquías y élites que gobiernen, ni masas que se sometan.

Ni fronteras carcelarias, ni exilios obligados, total, de momento no es nada fácil salir del planeta.

Ni ricos ni pobres, sino todos viviendo en la más absoluta comodidad y abundancia.

Ni guerras santas ni guerras viciosas.

Ni enemigos ni marginales que nos amenacen siempre.

Ni dioses ni demonios, ni ángeles, vírgenes y santos milagrosos.

Nada de vivir siempre con miedo para ser fácilmente sumisos y manipulables ante los que dicen que nos van a salvar de las pestes, los pecados, los enemigos, las bacterias, los virus, de la vida misma o de lo que sea.

En resumen, ser responsables de nosotros mismos, y hacer lo que se debe hacer, no porque lo marquen las leyes, las normas o la moral, sino porque eso es lo que se debe hacer, como vivir, comer, defecar, construir, crear, bailar, reír, amar, cantar y soñar, entre muchas otras claras y sencillas cosas de la vida, nada más.

Es lo que proponen el tao y el zen desde el principio de la historia humana: sentarse, meditar y actuar en consecuencia desde la iluminación y la lucidez.

Sentarse y meditar desde la lucidez.

¿DIFÍCIL?

No, nada de eso, la propuesta amorosa del zen en esta guerra que es la vida no es nada difícil, sino todo lo contrario, pues es la simplicidad y la sencillez misma; lo difícil ha sido instaurar un sistema de engaños, abusos y crímenes y pintarlos de virtudes, deberes, obligaciones y responsabilidades imposibles de cumplir, añadiendo el sentimiento de culpabilidad por no poder refrenar cosas tan naturales como el hambre y el sexo, impidiendo el conocimiento, negando la lucidez y escondiendo siempre la verdad, para que la mayoría mantenga como pachás y reyes a las élites, a las que no les basta con tenerlo casi todo, sino que además enloquecen con la sola idea de que tú lo tengas.

La vida en sí ya tiene las suficientes batallas diarias como para que los intereses creados las aumenten artificialmente y te hagan creer que eso es la existencia, llenándote la cabeza de falsedades para que no enfrentes la realidad y te conviertas en un verdadero guerrero zen, cuyo sendero es el amor y el despertar de la verdadera conciencia.

Ni difícil ni utópico, sino sencillo y directo, porque todo ser humano es un guerrero zen en esencia que lucha por una existencia digna de ser vivida en cualquier edad, momento o lugar.

Se puede empezar desde niño con la verdad por delante y sin mentiras, falsas ilusiones ni promesas imposibles de cumplir, para que la imaginación no sea una repetición interesada, sino la manifestación libre del pensamiento.

El tao desde la infancia.

¿Ya es demasiado tarde?

No, nunca es tarde mientras se tiene vida.

Mientras se tiene vida se puede iniciar todo y de todo: estudios, amores, creaciones, descubrimientos, invenciones o lo que se quiera.

El amor verdadero es el sendero zen del guerrero, pues se puede acceder a todo lo que se ama mientras se cuenta con vida.

Lo que se ama de verdad y no solo se desea, no se traiciona; lo que se ama de verdad no se daña; lo que se ama de verdad no se mata; el que se ama de verdad a sí mismo todo lo entiende, y, como lo entiende, todo lo perdona y no lo juzga, sino que lo acepta como una experiencia más de esta existencia.

Por ejemplo, se puede ser monje zen en cualquier momento o etapa de la vida, no hay restricciones ni obligaciones especiales de ninguna clase.

El verdadero monje zen no tiene templo, ni adora ni sigue a líder alguno, por muy Buda que sea.

El verdadero monje zen contempla el mundo y ama lo que contempla.

El verdadero monje zen no cultiva religión alguna.

El verdadero monje zen no tiene nada de lo que desprenderse, porque sabe que nada es suyo de este mundo, y quizá tampoco de ningún otro mundo, pues acepta que desconoce el más allá o la trascendencia del alma o del espíritu, y no se engaña ni engaña a los demás inventándose cielos, paraísos, campos elíseos, infiernos, nirvanas ni nada que se les parezca.

Lo que está más allá del conocimiento y del entendimiento humano no le compete, pero comprende que, como dice el tao, solo están el todo y la nada, donde el todo contiene a la nada y la nada contiene al todo, lo demás son ilusiones y fantasías más o menos convencionales que intentan y hasta manipulan para que el comportamiento de las masas sea más llevadero, y algunas guerras menos cruentas, por eso, mucho de los conflictos se han trasladado a los campos deportivos, donde se exige que cada atleta ondee una bandera y represente a una nación entera, que perderá si el atleta pierde, o ganará si el atleta gana, cuando en realidad solo el atleta es el que obtiene el triunfo o es derrotado, pues nadie come por él ni entrena por él, incluso si es limpio y gana justamente, o si hace trampa.

El héroe asesino del pasado es el deportista de élite de

hoy en día, y ambos son y han sido una especie de bufones bien entrenados y hábiles que sirven al poder y entretienen al vulgo, a cambio de una fortuna que siempre se acaba y una fama que tarde o temprano se evapora.

Los premios de cualquier índole son más o menos lo mismo, porque quien da el premio se publicita a sí mismo y gana prestigio o dinero al hacerlo, y el premiado es lo de menos con cinco minutos de reconocimiento, pero está obligado a tener patria, ideología afín con los premiadores y una identidad circunscrita y casi sectaria a su área. Por ejemplo, el que es realmente famoso y poderoso es el Premio Nobel o el Óscar, no los que lo ganan, independientemente de sus virtudes y cualidades.

El prestigioso premio de la dinamita.

Por supuesto, quien establece un premio puede dárselo a quien le dé la gana, que para eso lo ha creado, también con independencia de las virtudes y cualidades del premiado.

El verdadero monje zen nunca aceptaría un premio.

El monje zen no tiene patria.

El monje zen no tiene bienes materiales.

El monje zen no tiene dueños ni amos.

El monje zen no es una mona de feria ni un bufón para entretener a los demás mientras las élites hacen fortuna y evitan protestas, levantamientos o revoluciones.

El monje zen no va a la guerra como soldado, pero no rehúye a sus propias batallas como ser humano.

El monje zen no tiene ni siquiera identidad, porque su nombre solo es un globo que vuela perdido en el viento, un pseudónimo de sí mismo.

El verdadero monje zen no sabe lo que es el budismo zen, ni le interesa, porque el monje zen solo cumple con sus propias obligaciones y responsabilidades sin esperar que otro recorra por él ese sendero existencial que solo puede recorrer uno mismo, nadie más.

El verdadero monje zen no es mejor ni peor que nadie, simplemente es y está.

También es válido dedicarse a la vida contemplativa y no hacer absolutamente nada, ni sistémico ni no sistémico, ni normal ni anormal, ni condescendiente ni revolucionario, ni a favor ni en contra de nada; vida contemplativa sin hacer ni pertenecer absolutamente a nadie ni a nada.

En el verdadero y tradicional zen no hay obligación alguna, y la lucidez o la iluminación le puede llegar a cualquiera en cualquier lugar y a cualquier hora, aunque no haya hecho ningún mérito ni haya estudiado nada de nada.

Es más, el no haber sido adoctrinado bajo educación social, familiar o académica puede ser una ventaja para darse cuenta de la verdad, pues al no estar contaminada es libre para alcanzar la iluminación o la lucidez sin perderse en enseñanzas viejas, funcionales e interesadas.

Quizá usted ya es una monja o un monje zen sin saberlo y sigue el sendero del guerrero, porque para serlo no hace falta ritual, creencia o adiestramiento alguno, basta con sentirlo, actuarlo, vivirlo o decirlo, así de sencillo.

Todo el mundo es bienvenido y bien hallado.

Nadie es excluido.

No hay exigencias, excomunión ni castigos.

Tampoco hay premios ni milagros, ni salvaciones ni redenciones.

No hay que seguir a ningún mesías, gran maestro, sacerdote iluminado, guía espiritual, demonio rebelde ni divinidad alguna, aunque se puede aprender de todos y de todo, que para algo están ahí.

No se desprecia a nadie ni a nada, pero tampoco se les pondera, simplemente se les acepta tal y cual son.

Eso sí, si se debe pelear, se pelea, y si se debe luchar, se lucha, con el alma, con el pensamiento, con la palabra, con la acción y hasta con el cuerpo si no hay más remedio y si hace falta.

Vencer sin pretender ganar y sin matar, sin guerras ni conflictos, ese es el sendero. Muchas gracias.

"Se puede renunciar a todo, pero no se puede matar del todo a lo que de verdad se ama."

PROVERBIO ZEN

ÍNDICE